U0143114

西千佛洞艺术

敦煌研究院 编著

樊锦诗 主编　赵声良 副主编

刘勤 著

江苏凤凰美术出版社

丝绸之路与敦煌文化丛书

敦煌研究院　编著
主　编　　樊锦诗
副主编　　赵声良

丛书总序

樊锦诗

　　丝绸之路，是中古时期一条曾经对中外经济文化交流起过重大作用的国际通道。从中国中心部的都市长安向西，经过无数的山川与城市，穿越沙漠、戈壁与绿洲，一直通向地中海的东岸。丝绸之路沿线各地区各民族的文化，就因丝绸之路的发达而得到促进。其中，位于我国甘肃省河西走廊西端的敦煌无疑是丝绸之路上最受瞩目的一颗明星。自汉代设郡以来，敦煌成为总绾中西交通的"咽喉之地"。由敦煌向东，经河西走廊，可达汉唐古都长安、洛阳；向西通过西域（现我国新疆地区），可进入中亚、西亚、南亚，乃至欧洲的罗马；向北翻过马鬃山，可到北方草原丝绸之路；向南越过阿尔金山，可接唐蕃古道。敦煌在丝绸之路上的特殊地位，使它在欧亚文明互动、中原民族和少数民族文化交融的历史进程中占有重要的地位。公元4—14世纪，古敦煌地区受到佛教的影响，古代艺术家们在此建造了敦煌莫高窟、西千佛洞、瓜州榆林窟等一批佛教石窟，我们统称为敦煌石窟。通过敦煌石窟和敦煌藏经洞的出土文物，我们了解了欧亚文明互动、中原民族和少数民族文化交融的历史，特别是在中古时期，中国、印度、希腊、伊斯兰文化在此汇流，羌戎、乌孙、月氏、匈奴、鲜卑、吐谷浑、吐蕃、回鹘、粟特、于阗、党项羌、蒙古、汉等民族的历史文化状况；中原的儒教和道教、印度的佛教、波斯的摩尼教、粟特

人的祆教（拜火教）以及西方早期基督教中的景教等宗教在丝绸之路沿线的发展状况；4—14世纪1000多年间佛教艺术的流传及演变等丰富的历史。

敦煌文化的兴衰，又与丝绸之路的繁荣与衰落息息相关。自汉代以来，丝绸之路的开辟以及长期的繁荣，给中西文化的传播与交流提供了巨大的空间。位于丝绸之路要道的敦煌便在东方与西方文明的交流与融合中，发展了自身独特的文化艺术，保存至今的敦煌石窟艺术以及藏经洞出土的卷帙浩繁的大量文献，就蕴藏着古代宗教、文学、历史、音乐、美术等无限丰富的遗产，成为今天学者、艺术家、旅游者瞩目的对象。

古代敦煌文化之所以繁荣，正是由于汲取了丝绸之路上中西文化的丰富营养。今天，我们又处于一个中外文化交流的大好时机，更应该以开阔的胸襟，放眼世界，从更广更深的角度来看待丝绸之路与敦煌的文化艺术。《丝绸之路与敦煌文化丛书》就是希望以更新的视角、更新的方法来探讨丝绸之路与敦煌学的相关问题。另一方面，我们今天的学术研究，不能再局限于书斋之中，更应该考虑对社会的责任，要尽可能地把学术研究的成果转化成普通读者的精神食粮，为当今的精神文明建设服务。要让更多的非专业人士也对敦煌、丝绸之路这样的古代文明感兴趣，并从中得到收益。这也是我们今天学术研究者的责任。

西 千 佛 洞 艺 术

主　编

樊锦诗

副主编

赵声良

撰　稿

刘　勤

摄　影

乔兆福　孙志军　吴　健　王建军　王佳丽　赵小龙

目　录

西千佛洞概述

西千佛洞概述

　　敦煌位于甘肃省河西走廊的最西端，是一个被高山、沙漠、戈壁环绕的小绿洲。历史上的敦煌曾是经营西域的边塞重镇、丝绸之路上的咽喉锁钥、东西方贸易的中转站、多元文明的交汇之地，史书称之为"华戎所交一都会"，在中华历史的长卷上占有光辉的篇章。

　　佛教起源于古印度，传入中国之后，在各地建立了寺院和石窟。因敦煌地接西域，遂成为我国最早接触佛教的地区之一，较早地接受了发源于古印度的佛教文化。西亚、中亚的文化随着印度佛教文化的东传，也不断传入敦煌，中西不同的文化都在这里汇聚、碰撞、交融。敦煌受佛教影响极其深远，这种浓厚的佛教氛围也造就了敦煌佛教石窟的兴盛。公元4—14世纪，历朝历代的佛教徒们纷纷出资开窟造像，积累功德，在古敦煌地区营建了一批规模大小不同的佛教石窟群，西千佛洞（图1）就是其中之一。

图1　西千佛洞外景

西千佛洞位于甘肃省敦煌市城西南约35公里的党河北岸的断崖上，被称为莫高窟的"姊妹窟"，因其位于莫高窟（俗称"千佛洞"）及古敦煌城以西而得名。西千佛洞是敦煌石窟（图2）的重要组成部分。敦煌石窟是对中国古代敦煌郡和晋昌郡（瓜、沙二州）就岩镌凿之佛教石窟的总称，位于今甘肃省敦煌市、瓜州县、肃北蒙古族自治县和玉门市境内，范围包括现在的敦煌莫高窟、西千佛洞，瓜州榆林窟、东千佛洞、水峡口下洞子石窟，肃北五个庙石窟、一个庙石窟，玉门昌马石窟。因其主要石窟莫高窟位于古敦煌郡，各石窟的艺术风格又同属一脉，且古敦煌又是两郡的政治、经济和文化中心，故统称为敦煌石窟。

敦煌石窟艺术绵延千年，内容丰富、数量巨大，其艺术形式既继承了本土汉晋艺术传统，吸收了南北朝和唐宋美术艺术流派的风格，又不断接受、改造、融合域外印度、中亚、西亚的艺术风格；所创造的具有中国风格的民族民间佛教艺术，因其历史悠久、规模宏大、内涵深厚、艺术精美、保存完好，享誉国内外。敦煌石窟是古代多元文化交融的结晶，是我国乃至世界佛教艺术的瑰宝，是中华民族优秀传统文化的代表，在中国文化史乃至世界文化史上具有重要的地位。

从西千佛洞所处的地理位置来看，它是我国极少数几个开凿在丝绸之路路畔的石窟群之一。洞窟的开凿与丝绸之路的畅通及阳关的设置有着密切关系。西千佛洞处于敦煌古城和阳关之间，东西相距各约30公里。它既是从内地经敦煌西出

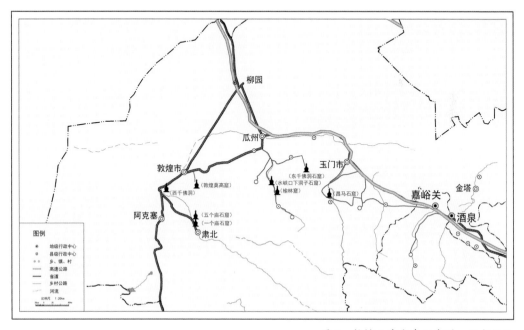

图2 敦煌石窟分布示意图 吕文旭绘

阳关的最后一站，也是从西域入阳关东进中原的第一站；凡经敦煌西出阳关，这里是必经之地。由此我们可以想象到，在古丝绸之路上，来自西域诸国和内地的使臣、商贾、僧侣们从此经过、在此逗留的情景。

西千佛洞窟区东起南湖店，西至今党河水库，全长2.5公里。其周围原本全是戈壁荒漠，因党河流经此处，河水长年冲刷下切，致使戈壁中分，形成峡谷，所有窟龛均开凿在高约20余米的党河北岸的崖壁上。因河岸崖体疏松，且长年受河水冲刷、浸泡，河水侵蚀崖脚，形成崖体悬空，在重力或地震力的作用下造成许多地段崖体崩塌；故原来究竟有多少洞窟，现已无从查考。西千佛洞现存有壁画和塑像的洞窟22个、彩塑34身、壁画800余平方米，历经北魏、西魏、北周、隋、唐、五代、宋、回鹘、元等朝代。这些洞窟大体分布在三个区段内：其主体部分，即第1窟至第19窟，位于整个窟区的西端；第21、第22窟坐落在窟区的东端，开凿在现今南湖店的北岸；第20窟开凿在东西两个区段之间，距离东端约0.5公里。1961年，西千佛洞附属于莫高窟被国务院列为全国重点文物保护单位。

为了配合敦煌西千佛洞崖体抢险加固工程，2013年7—8月，敦煌研究院考古研究所专业人员对西千佛洞未编号的洞窟（图3）进行了较为彻底的清理发掘，严格按照田野考古工作规程，对发掘对象做了仔细的清理，并做了详细的文字、绘图、照相记录。此次共清理出未编号的洞窟42个。为了清理时记录方便，在窟号前加字母"L"。从现存石窟情况来看，有僧人用于坐禅修行的禅窟15个，供禅僧们日常生活起居的僧房窟（图4、图5）11个，礼佛窟2个，瘗埋禅僧遗体、骨灰或遗骨的瘗窟1个，性质不明的13个，出土的遗物很少（图6、图7）。这些未编号的洞窟与西千佛洞有壁画和塑像的22个洞窟共同构成了完整的石窟群。

图3　西千佛洞未编号洞窟外景

图4　L5窟地面

图 5　L43 窟中室地面

图 6　L7 窟出土藏文佛经《金刚般若经》

图 7　L59 窟出土铁五铢

西千佛洞的始建年代不详，法国巴黎藏编号 P.5034 的敦煌遗书《沙州都督府图经》（图 8）中有这样一段不连续的有关修佛龛的记述："右在县东六十里，《耆旧图》云：汉……像造一佛龛，百姓渐更修营……"此《图经》残存部分，大都出土于古寿昌一县。寿昌，即今甘肃省敦煌市西南南湖乡附近。寿昌"县东六十里"，就是南湖以东六十里，恰好有现存的西千佛洞，其中的数十个窟龛，应该是当时百姓所"渐更修营"的。考古及史学专家们据此认为这段文字可能记载的是西千佛洞，由此专家推测，西千佛洞窟始创年代可能早于莫高窟，至少应与莫高窟属同时代建造。

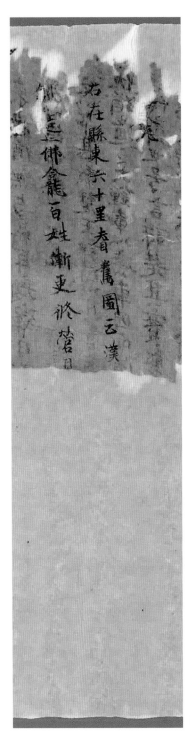

图 8　法藏 P.5034《沙州都督府图经》残卷　唐

西千佛洞的洞窟形制与莫高窟同期洞窟基本相同，大致可分为中心塔柱窟、覆斗顶窟、平顶方形窟以及敞口竖长方形大龛等四种类型。但隋代第11窟窟形较为独特，它看似游牧民族的圆帐，是敦煌石窟中的孤例。西千佛洞现存彩塑34身，大多经清末或民国时期重修或新塑，原作塑像保存较少。其中，第7窟中心塔柱南向面龛内的倚坐佛像最具特色，具有典型的"秀骨清像"艺术风格；第8窟中心塔柱南向面塑像和第12窟的立佛为北周时期原作，均具有较高艺术水平；第19窟五代时期的十六罗汉残塑与江南地区出现的十六罗汉像基本属于同一时代，说明敦煌佛教艺术基本上与中原地区的佛教艺术是同步发展的。西千佛洞的壁画内容和风格与莫高窟同时期的壁画基本一致。例如描绘在第12窟南壁窟门两侧的劳度叉斗圣变和睒子本生故事画，均以白粉作底，墨线勾画，赭石和青绿色淡染，无论是构图设色还是人物形象，都具有浓郁的中原风格，为西千佛洞北周时期壁画最主要的代表作。其中，劳度叉斗圣变则是我国现存最早的同类作品，也是现在所能看到的唯一一幅北朝时期的劳度叉斗圣变。第18窟的观无量寿经变、东方药师经变、降魔变、观音经变、窟顶南披的说法图等是中唐时期壁画的代表作，可与莫高窟中唐时期的代表作品相媲美。此外，第7、第8、第9窟中心塔柱上北朝晚期的菩萨和飞天，第16窟甬道东西两壁分别绘制的回鹘可汗和回鹘王妃供养人像，以及第9窟唐代武则天如意元年（692）的题记等，均具有很高的学术价值。

总之，西千佛洞和莫高窟、榆林窟一样，都是敦煌石窟的重要组成部分。尽管西千佛洞现存洞窟较少，其艺术形式和内容的涵盖也远不及莫高窟那样丰富，但仍有一部分作品为莫高窟所缺乏或不及，具有自己独特的史料价值和艺术价值。

开凿于古丝绸之路路畔的西千佛洞，就像是这片戈壁上的一只眼睛（图9），见证了千年间这条漫长道路的沧桑岁月和悠久历史，也见证了丝路古道往昔"使者相望于道，商旅不绝于途"的盛况。

敦煌研究院（图10）是负责世界文化遗产敦煌莫高窟、天水麦积山石窟、永靖炳灵寺石窟，全国重点文物保护单位瓜州榆林窟、敦煌西千佛洞、庆阳北石窟寺管理的综合性研究型事业单位。敦煌研究院的前身是1944年成立的国立敦煌艺术研究所，1950年改名为敦煌文物研究所，1984年扩建为敦煌研究院。2017年，敦煌研究院形成了"一院六地"的管理和运行格局。敦煌研究院也是国家古代壁画与土遗址保护工程技术研究中心、古代壁画保护国家文物局重点科研基地、甘肃省敦煌文物保护研究中心的依托单位。

敦煌研究院坚持"保护、研究、弘扬"的工作方针，几代莫高窟人攻坚克难、锐意进取，逐步形成了"坚守大漠、甘于奉献、勇于担当、开拓进取"的

图 9　西千佛洞全景（拍摄于春季）

图 10　敦煌研究院办公区外景

"莫高精神"，以及符合文化遗产事业发展规律的"十位一体"战略发展模式和"基于价值完整性的平衡发展质量管理模式"，已发展成为我国拥有世界文化遗产数量最多、跨区域范围最广的文博管理机构，在国内外具有相当影响力的遗址博物馆、敦煌学研究实体、古代壁画与土遗址保护科研基地、国家一级博物馆。

2019年8月19日，习近平总书记视察敦煌研究院并发表重要讲话，提出了把敦煌研究院建设成为世界文化遗产保护的典范和敦煌学研究的高地的要求。敦煌研究院正遵循习近平总书记的指示努力奋斗。

延伸阅读

西域　"西域"在历史上有狭义和广义之分。狭义之西域指汉玉门关、阳关以西，葱岭（今帕米尔高原）以东的我国西部地区，主要指今新疆维吾尔自治区境内；广义之西域为凡通过狭义之西域所能到达的地区，包括亚洲中西部、印度半岛、欧洲东部和非洲北部在内的广大地域。

《沙州都督府图经》　所谓图经，是我国古典地图中一种独特的样式。它的特点是有图有经（文字说明），以图为主、以经说图，图与经相辅相成。后来，图经逐渐发展成以经为主，图的作用缩小。南宋以后图经改称地方志。《沙州都督府图经》（以下简称《图经》）是敦煌莫高窟藏经洞出土的中国现存最早的唐代图经之一，作者不详，今仅存残本，且无图。《图经》原件现存巴黎法国国家图书馆，首尾俱残。经专家考证，其成书时间约在开元、天宝年间（713—755）。唐沙州都督府的治所在敦煌。《图经》保存了唐代时敦煌地域的河流、水渠、泉泽、堤堰、道路、驿馆、学校、祠庙、古迹、名胜、祥瑞、歌谣等丰富的资料，对研究敦煌的历史、地理、社会、文学、宗教、自然、交通等方面均有重要的价值。

党河　从敦煌市行至阳关途中，道左不远处有一条蜿蜒流淌的河流——党河，河床北岸为略显荒芜的戈壁，南岸是连绵起伏的鸣沙山，西千佛洞就开凿在鸣沙山尽头、党河河床北岸的断崖上（图11）。

党河的历史非常悠久，古代许多文献都有记载。汉朝时名"氐置水"，又作"支至水"。《汉书·地理志》说："龙勒县南有氐置水，出南羌中，东北入泽（今哈拉淖尔），溉民田。"这是指党河而说的。到了唐朝时，又把党河叫作"都乡河"（也叫甘泉水）。《五代史》说："沙州，西渡都乡河，至阳关。"

图 11　西千佛洞全景

都乡河指的就是党河。到了元代才把都乡河叫成党河。党河是蒙古语"党金果勒"译名的简称。传说党河是以元代驻领沙州的蒙古族贵族党金洪台吉的名字命名的，"党金"是他的名字，"洪台吉"是蒙古族贵族头衔，"果勒"蒙古语为"河流"，为记读方便，合成蒙、汉文后变成了现在的"党河"。

　　党河属于疏勒河水系的内陆河流，疏勒河是中国大陆上少见的一条自东向西流淌的内陆河，发源于祁连山山脉西段的疏勒南山，横跨青海、甘肃、新疆三省区，全长1000多公里，流域面积6万平方公里。"疏勒"一词最早起源于西域的疏勒国，是有水、水浊的意思。疏勒河在西汉时叫籍端水。《汉书·地理志》记载："南籍端水出南羌中，西北入其泽，溉民田。"唐代又称"独利河"，元、明时期叫"布隆吉尔河"，清代以后叫"疏勒河"。党河则是敦煌境内最大的主要河流，河水源于祁连山疏勒南山的崩坤大板、宰少木克和党河南山东部的巴音泽日肯乌勒、诺干诺尔的南北两坡冰川群。党河的水源主要有北坡的冰川冰雪融水、泉水和大气降水补给，经肃北党城湾、芦草沟、浪湾，流向西北。由于敦煌地势南高北低，党河经过党河峡口，也就是现在的党河水库后，折向东北流入敦煌境内，最后汇入疏勒河，全长390公里，是我国唯一一条由南向北流向的地渗河流，也是敦煌市境内唯一可以利用的地表水（图12）。

图 12　敦煌党河水库

　　党河是敦煌的水利命脉和重要的灌溉水源。昔日的党河，水源充足，水量丰沛，从汉代开始，历代官民都曾修筑引水工程，用来灌溉农田。清代有永丰、普利、庆余、通裕、大有等干渠，构成了"北流洄野"的壮景。清朝道光年间编修的《敦煌县志》记有"敦煌八景"，是按敦煌各景点的地理方位和景致特点来写的。"敦煌八景"基本上概括了敦煌最著名且有特色的景致，其中第七景为"党水北流"。

　　党河流经敦煌，不仅使敦煌绿洲充满了勃勃生机，而且也给敦煌人民带来了与大漠风光截然不同的水乡景观。可以说，党河造就了敦煌盆地，滋养了敦煌绿洲，孕育了灿烂的敦煌文化。西千佛洞位于戈壁沙漠中的一片峭壁之上，古代工匠们之所以选择在这里开凿洞窟，不仅是因为与世俗生活隔离较远，更重要的则是因为经党河千百年冲刷形成的坚硬的崖壁，为开凿洞窟创造了条件。同时，党河为开窟造像的工匠们提供了必需的生活用水，使洞窟营建得以延续千年。而作为饮用水源，党河不仅养育了各时代开窟造像的工匠僧人，而且西千佛洞的现当代守护人也曾经饮用过党河水。党河是西千佛洞的生命之源，是名副其实的敦煌母亲河。

茫茫戈壁诉说着绿洲峥嵘，涓涓细流记录着大漠沧桑。党河滋润着西千佛洞附近的这片土地，使西千佛洞前林木茂盛，芳草茵茵，桃红柳绿，环境清幽，让这里成了隐藏在戈壁峡谷中的一片世外桃源（图13）。

图 13　西千佛洞全景（拍摄于秋季）

西千佛洞主要洞窟介绍

西千佛洞主要洞窟介绍

第 4 窟

此窟开凿于隋代（581—618），经盛唐、回鹘、民国时期重修（图14）。洞窟分前后两室。前室为纵浅拱顶（亦有学者称之为平顶），东壁开一门，门内为初唐时期开凿的第5窟。主室（后室）为覆斗顶殿堂窟，窟内现存壁画多为回鹘时期重绘。

隋代虽然是个短暂的王朝，但在敦煌石窟营建史上却是一个非常重要的时代。隋代统治者崇信佛教，在全国范围内大力推崇佛教，尊佛教为国教，开窟、建寺、写经和造像等活动非常兴盛。在短短的37年中，隋代在莫高窟兴建洞窟100多个，并重修了不少前代洞窟，开窟密度居各朝之首。西千佛洞现存隋窟3

图14　西千佛洞第4窟　前室内景

个。隋代洞窟形制、艺术风格比起北朝有较大变化，在敦煌石窟艺术发展史上，隋代是承上启下、包前孕后的过渡时期。

回鹘时期的飞天

回鹘又作回纥，是我国今天新疆维吾尔族和甘肃裕固族的先民，起源于漠北地区（今蒙古高原）。两汉时期回鹘称为丁零（或丁令），魏晋南北朝时期称为高车、敕勒、铁勒，隋代时回鹘称为韦纥。大业元年（605），因反抗突厥的压迫，与仆固、同罗、拔野古等组成联盟，总称回纥。唐天宝三年（744），破东突厥，建立漠北回鹘汗国政权于鄂尔浑河流域，民众仍以游牧为主。唐贞元四年（788），回纥可汗请唐朝准许改回纥为回鹘，取"回旋轻捷如鹘"之意。唐开成五年（840），回鹘汗国被黠戛斯击败，回鹘政权覆亡。此后，余众分三批向西迁徙：迁至葱岭以西的回鹘建立了喀喇汗（亦称黑韩）王朝；迁至河西的回鹘，盘踞甘州（今甘肃张掖），史称甘州回鹘或河西回鹘；迁至西州的回鹘以新疆吐鲁番盆地为中心建立了西州回鹘王朝，因其首府设在高昌（今新疆吐鲁番），故又称为高昌回鹘。北宋初，党项羌常与甘州回鹘发生冲突，一部分回鹘部众西移瓜（今甘肃省瓜州县）、沙（今甘肃省敦煌市），故名"沙州回鹘"，俗称"黄头回鹘"。公元977年后，沙州回鹘多次贡使于宋、辽。公元1036年，西夏进占瓜、沙地区，灭曹氏归义军，沙州回鹘仍贡使于宋。公元1041年，沙州回鹘以"沙州镇国王子"的名义上书宋朝，自称唐甥，愿率众为朝廷抗击西夏。公元1052年后，西夏加强了对瓜、沙的统治，沙州回鹘与中原联系开始中断，自此，沙州回鹘才在史书上消失。

关于沙州回鹘的问题在学术界仍然有不少争议，尤其是回鹘是否曾在敦煌一带建立政权。有学者研究认为，在西夏立国前和立国初期，敦煌地区实际上存在着沙州回鹘政权，它先后与曹氏归义军和西夏两个政权并存。沙州回鹘长期同以汉族为主体的各民族杂居共处，受汉族文化影响较深。当他们接受了佛教文化之后，也同本地的汉人一样，在古老的"千佛灵岩"上营建洞窟，积累自己的"功德"，在窟内绘制色彩艳丽的佛教壁画。至今尚有大量的回鹘时期的佛教艺术品见存于敦煌莫高窟、西千佛洞、瓜州榆林窟、新疆吐鲁番高昌故城、柏孜克里克石窟、吐峪沟石窟、库车库木吐喇石窟和济木萨尔高昌回鹘佛寺遗址中，向人们昭示着那个时代回鹘佛教艺术的繁荣。

飞天形象源于印度，于公元1世纪前后随佛教传入中国。佛教中，广义的飞天指的是一切飞行无碍的诸天神（又称为诸天），包括护法、歌舞、八部众、帝释天、梵天等，在古代还有"天人""天女""天仙"等称呼；狭义的飞天

图15　印度桑奇1号塔　圣树供养

指佛教八部护法中的乾闼婆（天歌神）和紧那罗（天乐神），他们居住在天宫中，是擅长音乐、舞蹈之神，也是供养佛和娱佛的天人。每当佛在说法时，乾闼婆和紧那罗便出现在天空中奏乐歌舞、喷香散花，以示对佛的供养。天，在佛教概念中，不仅指天国、天宫，还是对神的尊称，如吉祥天、三十三天等。印度早期佛教艺术如桑奇大塔（始建于公元前3世纪）的雕刻中已出现了飞天形象（图15），有着印度人的相貌，头上缠着头巾，身材短小粗壮。随着佛教及佛教艺术的传播，飞天经中亚，沿着丝绸之路来到了中国。

　　"飞天"一词在中国古代文献中的最早记载，始见于北魏杨衒之撰写的《洛阳伽蓝记》卷二"城东"一节。书中记载："石桥南道有景兴尼寺，亦阉官等所共立也。有金像辇，去地三丈，上施宝盖，四面垂金铃、七宝珠、飞天伎乐，望之云表。"经历了1400多年后，金像辇上的"飞天伎乐"今已不存。飞天艺术形象在漫长的渐进演变的过程中，不断吸收外来的艺术文化和中国本土的艺术文化，并结合中国画师们独特的想象力，借助衣裙和披巾、流云和花朵，最终形成具有永恒艺术魅力、行云流水般的中国式飞天艺术形象，在敦煌石窟壁画中趋于成熟。敦煌石窟中现存十六国至元代历代所绘飞天6000余身，在不同历史时期呈现出了不同的艺术特征。

　　此窟前室顶部北侧回鹘时期描绘的2身飞天（图16），身形较大，形貌相似，一腿单膝着地，一腿竖起，呈胡跪式。飞天头戴三珠宝冠，两边宝缯飘扬。面部造型圆润，双眉弯曲，躯体丰盈，耳饰垂肩，胸饰璎珞，手捧花盘，斜披天衣，长长的飘带绕臂向上。整个画面以较深沉的石绿作为底色，飞天的面部及身形除用土红线勾勒，略加肉红色晕染，再配以铁红、赭石、黑褐、浅绿等色的束腰长裙和飘带等，显得和谐自然、优美生动，是回鹘时期的飞天代表作品。

　　这2身飞天中间还绘有2身童子飞天（图17），形貌圆润、戴臂钏、腕钏，

图16　西千佛洞第4窟　前室顶部　飞天　沙州回鹘

图17　西千佛洞第4窟　前室顶部　童子飞天　沙州回鹘

双手执花，赤膊光腿，腰缠红带，长巾飞舞，脚穿红靴，足踩祥云。画工仅用土红色深浅对比勾勒晕染，创作了这幅简洁明快、生动有趣的作品，同时似乎运用了没骨画法，把孩童那种憨态可掬、天真活泼描绘得惟妙惟肖，给庄严的佛国世界增添了一份活泼与童趣。

盛唐说法图

前室北壁门上为盛唐时期绘说法图一铺（图18）。主尊佛结跏趺坐在台座上说法，面相方圆，左手结与愿印，右手结说法印。在佛教中，佛的手势也被称为"手印"，往往代表着不同的寓意和身份，象征其特殊的愿力与因缘，也表示佛

图18 西千佛洞第4窟 前室北壁门上 说法图 盛唐

教的各种教义。与愿印又称"施愿印",表达以普度众生的慈悲心施予众生,满足众生所愿之意。

主尊佛头顶上方饰宝珠流苏华盖,身后背光两侧各有一棵菩提树,树干苍劲,枝繁叶茂,郁郁葱葱。华盖最初特指置于帝王、贵族头顶或所乘之车上的伞盖,有象征帝王威仪和障日遮雨的功用。而以华盖覆于佛陀、菩萨之上,既增加了佛、菩萨的端严高贵气概,又彰显出净土世界的瑰丽铅华之色。佛两侧各绘一弟子一胁侍菩萨。西侧弟子阿难内着交领式僧祇支,外披袈裟,双手合十礼佛;东侧弟子迦叶内着交领式僧祇支,外披袈裟,虔诚听法。菩萨结跏趺坐于仰莲座上,头顶绘莲花形华盖,下垂红、白、绿间隔的六条流苏。

西侧菩萨身旁绘一弟子一菩萨,弟子头部呈菩萨装束,外侧菩萨坐于仰莲座上,合掌礼佛。东侧菩萨身旁绘有听法的一佛一菩萨。画面右起第2身听法者头顶有肉髻,身着袈裟,有单层圆形头光,双手呈合十状,有学者研究认为是辟支佛。辟支佛为梵语"辟支迦佛陀"的简称,指过去生曾经种下因缘,进而出生在无佛之世,因性好寂静,或行头陀,无师友教导,而以智慧独自悟道,通说为观察十二因缘,进而得到证悟而解脱生死、证果之人,所以亦称为"独觉"(新译)或"缘觉"(旧译)。大乘佛教认为,辟支佛是缘觉乘的最高果位,但并不完全等于觉行圆满、无上正等正觉的佛陀。缘觉乘和声闻乘合称为"二乘",加上大乘佛教的菩萨乘,总称为"三乘佛教"。辟支佛能够解脱自身,不受生死轮回的苦恼,却还达不到真正的大智大觉的佛位,故而此处将辟支佛与菩萨画在一起，共同聆听佛法。

这铺说法图构图谨严，画面精致细腻，设色纯厚朴实。画面中人物造型丰腴，比例适度，神情恬静，线描流畅，不失为盛唐说法图之佳作。

建筑特色

此窟主室平面呈方形，建筑形制为覆斗顶殿堂式洞窟（图19）。这种窟形受中国传统殿堂建筑的影响。斗是我国古代量粮食的器具，由于整个窟顶如倒覆之斗形，故称为覆斗顶。覆斗顶的四个梯形坡面称为"四披"或"四坡"。覆斗顶除了拉伸上下空间的视觉效果外，也从力学角度起到了分散压力、减震抗压的作用。覆斗顶凸起的方形部分被称为藻井，绘于覆斗形窟顶部中央的装饰称为藻井图案。藻井，宋人沈括在《梦溪笔谈·器用》中云："屋上覆橑，古人谓之绮井，亦曰藻井，又谓之覆海。"并明确指出藻井是井形结构，专用于宫殿、庙宇屋顶上的装饰。东汉张衡《西京赋》释"藻井"："藻井当栋中，交木如井，画以藻文。""井"加上藻纹饰样，取"藻饰于井"之意，故称为"藻井"。中国古代建筑设置藻井并非仅仅为了装饰。据《风俗通》记载："今殿作天井。井者，东井之像也。菱，水中之物。皆所以厌火也。"东井即井宿，二十八宿中的一宿，古人认为是主水的。在殿堂、楼阁最高处作井，同时装饰以荷、菱、莲等藻类水生植物纹样，取以水克火之意。后来将这种建筑形式移入佛教石窟，仍沿用"藻井"一词，以仿木构建筑的形式绘出（或塑出），说明中国古代文化对敦煌石窟艺术的影响。

此窟主室窟顶壁画为回鹘时期重绘，藻井井心及覆斗顶北披已损毁，方井外围边饰为联珠纹、半对半莲花纹、流苏垂幔纹。覆斗顶东、南、西披绘由八瓣大茶花与四瓣小茶花组成的团花图案。窟顶与四壁连接处绘卷云纹边饰。团花与卷云纹饰带均是莫高窟回鹘洞窟中常用的装饰纹样，图案构图严谨，装饰效果别具特色，富有浓郁鲜明的民族风格。窟顶装饰图案以铁红作为底色，

图19　西千佛洞第4窟　主室覆斗顶

图20 莫高窟第272窟 内景 北凉

从而使洞窟的基本色调偏暖，给人一种喜庆吉祥的热烈气氛。

敦煌石窟中，覆斗顶殿堂窟最早出现于莫高窟北凉第272窟中（图20），但在其后的北魏时期并未出现，直到莫高窟西魏的第249、第285窟才以覆斗顶窟的形式出现，此后一直延续至元代，是敦煌石窟中最多见且延续时间最长的一种洞窟形制。

双层龛

此窟主室正壁（北壁）开一双层龛（图21）。双层龛是敦煌石窟隋代洞窟中为适应群塑的出现而创新的一种佛龛样式，平面特点是大开口浅龛的中部又退进一层较深的龛，形成"凸"字平面，既增加了佛龛深度，使龛内的空间显得宽敞，满足了放置多身塑像的需求，又使佛龛的外观更加富有层次感，多身塑像的排列也无重叠、拥挤之感。双层龛在隋代洞窟中非常流行，唐代初期有些洞窟仍采用这种龛形，到晚期已经不再使用。龛内民国时期塑佛像一尊，东、西壁弟子像各一尊，皆为粗泥胎未上色。佛龛北壁民国时期画一虎，外龛北壁上部民国画"双凤朝阳"，下部两侧各绘弟子像一尊，东、西壁为回鹘时期绘菩提枝叶、头光。龛内民国时期的绘画，似与佛教无关，完全是当时民间流行的绘画题材。龛外两侧回鹘绘菩萨各一尊。

图21 西千佛洞第4窟 主室北壁 佛龛

重层壁画

重层壁画在敦煌石窟中较为普遍，是指重修洞窟时在前代壁画上重绘的壁画。此窟虽为隋代开凿，但主室表层壁画多为回鹘时期重绘。回鹘时期涂抹一层白粉覆盖了隋代壁画，之后再重新绘制壁画内容，但长时间后，下层壁画会逐渐显现出来。此窟主室四壁上沿隐约可见底层隋代绘制的天宫栏墙和飞天。重层壁画在敦煌石窟隋唐洞窟中就已经出现，盛于宋代，终于西夏。其形成的原因大致有三：一是后代用于开凿洞窟的崖面位置有限，只好在前代的洞窟内重绘壁画，作为自己修建的洞窟；二是历代绘画内容不同，后代覆盖前代壁画后重绘当时流行的壁画；三是将前代洞窟的甬道改小后重绘后代供养人，以表其功德。历代重绘形成了现今所见到的叠压两层甚至三层的重层壁画。但表层下面的早期壁画大都被重抹泥壁时划伤或全部损坏，也有部分未被划损而保存完好的壁画。

回鹘时期说法图

主室东、西壁存沙州回鹘时期绘说法图各一铺，所绘人物身形高大、体形健硕，但构图简单、画面单一，壁画大多有后代重描的痕迹。西壁说法图中（图22），主尊佛头顶饰菩提宝盖，有圆形头光、身光，身光内饰卷云纹。结圆肉髻，面相方圆，饰蝌蚪纹髭须。内着偏衫，外披偏袒右肩式袈裟，结跏趺坐于仰莲座上，双足相交置于腿面，双手结说法印。主尊两侧绘弟子像各一身。东壁说法图绘制与西壁相同，唯独中间主尊双手结禅定印（表示禅思，使内心安定之意），佛头光、身光圆圈内残存半对半式小团花纹样。

沙州回鹘时期的佛教艺术，早期沿袭宋窟遗风，后期则形成了具有结构松散、简率粗放、构图疏朗、色调明快、装饰趣味浓郁、人物造型丰满圆润的民族风格。尤其在用色上，多以铁朱为底，配以少量石绿、石青和白色，色调温和，少晕饰，具有典雅富丽、重视装饰效果的特点。

图22　西千佛洞第4窟　主室西壁　说法图　沙州回鹘

图23　西千佛洞第4窟　甬道西壁
张大千洞窟编号

张大千洞窟编号

此窟甬道东、西壁北起回鹘画药师佛、菩萨各一身（漫漶）。西壁南侧存张大千书写的"第叁窟"（图23），为张大千对此窟的编号。张大千（1899—1983），四川内江人，原名正权，后改名爰。中国泼墨画家、书法家。1941年3月，张大千自筹资金，携家眷，率门人子侄及喇嘛、画友等数十人，从天府之国来到敦煌，临摹莫高窟、榆林窟、西千佛洞壁画，历时近3年，完成作品百余幅。全部作品与原画大小相同，形象完整、色彩艳丽。这些临品曾先后在兰州、成都、重庆、上海等地展出。张大千在敦煌临摹壁画期间，初次对西千佛洞进行了调查、编号和记录，其中编号自西向东，共编21窟（包括耳洞2个，耳洞为部分中大型石窟前室或甬道一侧或两侧的小型窟）。据西千佛洞现存的张大千题记，他至少于1942年和1943年两次到过西千佛洞。目前西千佛洞第4、第5、第7、第9窟存有张大千书写的窟号，第8窟和第16窟存有其墨书题记。

延伸阅读

归义军　公元781年，吐蕃（汉文文献记载的7—9世纪古代藏族及其政权的名称）占领敦煌，此后进行了长达67年的统治。公元848年，敦煌人张议潮率众起义，驱逐吐蕃，收复河西十一州。公元851年，唐朝中央政府设置归义军，以张议潮为节度使。自此敦煌进入了晚唐时期，即所谓的"张氏归义军时期"。张氏家族统治敦煌60余年。公元914年，敦煌另一个大族曹氏家族中的曹议金取代张氏政权，开始担任归义军节度使，此后归义军政权一直把持在曹氏家族手中。曹氏家族统治敦煌长达120年。公元1036年，西夏占领敦煌，归义军政权至此结束。

西夏　西夏是由党项人在中国西北部建立的一个政权，立国190年，传10代帝王，前期与北宋、辽抗衡，后期与南宋、金鼎立。公元1036年，李元昊攻占瓜

（今甘肃瓜州县）、沙（今甘肃敦煌市）二州，先后终结了敦煌的归义军和沙州回鹘统治，瓜、沙遂归辖于西夏。西夏王朝笃信佛教，在瓜沙造窟颇多（大多系重修旧窟）：在莫高窟凿建1窟、重修60窟，在榆林窟营建和重修计10窟，在东千佛洞营建和重修2窟，在五个庙石窟营建和重修计3窟。公元1227年，西夏被成吉思汗的蒙古铁骑所灭，其城市宫殿、国宝史典都被付之一炬。这个在战火中湮灭的西夏王朝在历史典籍上记载极少，"二十四史"中也没有对西夏王朝的记录；因此，西夏给后人留下的谜团最多。

《洛阳伽蓝记》　简称《伽蓝记》，是中国古代佛教史籍、散文著作，也是中国佛教史上第一部记载佛教寺院的著作。北魏杨衒之撰，成书于东魏武定五年（547）。"伽蓝"即梵语"僧伽蓝摩"之简称，意为"众园"或"僧院"，乃佛寺之统称。全书共5卷，按地域分为城内、城东、城南、城西、城北，记述佛寺70余处。叙事简明扼要，文笔瑰丽秀逸，不仅是一部寺庙志，提供了关于北魏迁都洛阳40年间的佛教史料，也记述了洛阳经济、文化及人民生活的荣衰变化，并具有一定的文学价值。该书与郦道元《水经注》，历来被认为是北朝文学的双璧。

僧祇支　僧人之覆肩衣、衬衣。敦煌彩塑、壁画中的佛、菩萨均着僧祇支。佛像着僧祇支始于十六国，菩萨始于北周，其式为：挂左肩，绕右腋，长至腰。隋唐以来多饰锦纹。《大唐西域记·印度总述》云："僧却崎，唐言掩腋（即僧祇支），覆左肩，掩两腋，左开右合，长裁过腰。"佛、僧穿其于袈裟之内，菩萨则为独袖半臂紧身衣，隋代最为流行。

西千佛洞各家洞窟编号

西千佛洞石窟群先后进行过3次编号，最早为张大千编号，共编21窟（含耳洞2个）。继张大千之后，20世纪50年代中后期，敦煌文物研究所（敦煌研究院前身）对西千佛洞进行了编号，共编19窟（号）。1982年，敦煌文物研究所保护组在做石窟档案时就使用了此编号。敦煌文物研究所的此次编号没有向外界正式公布，仅限于敦煌文物研究所内部使用。

1990年，《中国石窟·安西榆林窟》刊载了敦煌研究院学者霍熙亮先生整理的《西千佛洞内容总录》，文中洞窟编号未使用敦煌文物研究所编号，而采用了霍氏自编窟号。霍氏编号自西向东编次，共编22窟（号）。

上述各家编号虽然在不同时期对于西千佛洞石窟的调查、记录与研究都发挥了一定的作用，但也存在窟号使用混乱的现象。例如，有的学者采用张大千编号，也有的使用敦煌文物研究所的编号，还有的使用霍氏编号，令人不知所云、莫衷一是。有鉴于此，为了方便学术界使用西千佛洞编号，改变西千佛洞窟号使用中的混乱状况，樊锦诗、蔡伟堂二位学者于2007年发表文章《敦煌西千佛洞各家编号说明》，认为应该"采用《中国石窟·安西榆林窟》已公布通用、影响较大、约定俗成的霍氏编号"。因此，西千佛洞现在的洞窟编号采用的均是霍熙亮先生的编号。下表为《敦煌西千佛洞各家编号对照表》，以便读者查阅，相互对照。

敦煌西千佛洞各家编号对照表

霍熙亮 H.	敦研所 D.	张大千 C.	时代		备注
			H.	C.	
1		1	五代（回鹘）	魏隋间、西夏	D1.石窟档案未编号，未记录
2	1	2	回鹘	西夏	
3	2	3耳二	初唐（回鹘、民国）	初唐	
4	3	3	隋（唐、回鹘、民国）	魏隋间、初唐、宋、回鹘	
5	4	3耳一	初唐（回鹘）	初唐	
6			隋（晚唐）		此窟现已不存
7	5	4	北魏（西魏、清）	西魏	
8	6	5	北周（隋）	北魏	
9	7	6	西魏（北周、隋、初唐、回鹘、清）	西魏、隋、初唐、西夏	
10	8	7	隋（唐）	隋唐间	
11	9	8	北周（隋、唐、回鹘、民国）	西魏、回鹘	
12	10	9	北周（隋、唐、回鹘、民国）	隋、初唐、宋、回鹘	
13	0	10	北周	魏隋间	D1.石窟档案为0号，有记录
14	11	11	初唐（五代）	魏隋间、盛唐	
15	12	12	隋（唐、回鹘）	魏隋间、回鹘	
16	13	13	晚唐（五代、宋、回鹘、民国）	初唐、回鹘	
17	14	14	晚唐	初唐	
18	15	15	中唐（五代）	晚唐、宋	

霍熙亮 H.	敦研所 D.	张大千 C.	时代		备注
			H.	C.	
19	16	16	五代（宋）	五代	
20	19	17	元	吐蕃	窟内壁画于1991年连同第22窟一起，剥离搬迁至莫高窟。2000年，由敦煌研究院保护研究所复原安置在莫高窟北区。现二窟南北毗连，方向为坐西向东。此窟位于第22窟南侧。
21	18	18	北朝	魏隋间	
22	17	19	北魏	西魏	此窟情况同上述第20窟。位于第20窟北侧

第 5 窟

此窟开凿于初唐，经沙州回鹘时期重修（图24）。

唐朝历史长达289年，在敦煌石窟中开窟造像数量极大，为各时期之最。根据敦煌地方历史的特殊性，学术界将敦煌唐代的历史大体分为初唐、盛唐、中唐和晚唐四个时期。初唐时期指唐朝建立到长安四年（618—704）期间；盛唐指唐神龙元年至建中二年（705—781）期间；中唐指安史之乱后吐蕃占领敦煌期间（781—848）；晚唐则是指张议潮率众起义，推翻吐蕃在敦煌的统治，敦煌重新归复唐朝，直至唐朝灭亡的时期（848—907）。

图24 西千佛洞第5窟 主室内景

"人"字披顶

洞窟形制为横"人"字披顶，东壁开一佛龛。"人"字披（亦称"人"字坡）式的窟顶源于对中国最古老的、商周时代已经普及的两坡屋顶形式的模仿，在敦煌石窟中最早出现于北魏，且一直延续至隋乃至唐代前期。这种"人"字披顶从力学角度看是可以通过两个斜坡分散洞窟顶部的压力。另一方面，两个斜披由下而上聚拢到顶部也延伸了窟顶的空间，让进入洞窟的人不会感觉到压抑。此窟"人"字披顶东披残存千佛，西披北端存坐佛一尊，南侧残存莲座、背光、花树画迹。石窟寺本来与佛教一样都是从印度传入，然而经过中国艺术家们的创造，巧妙地把中国传统的建筑形式融合进去，丰富了石窟内部的结构空间，体现了中国传统建筑形式与佛教石窟建造形式的融合，无疑会增加中国佛教信众们的亲近感。

窟室佛龛

此窟主室东壁开一佛龛，龛内塑像经民国重塑。东壁画背光，两侧各一塑像头光，南、北壁各画佛弟子两尊及一塑像头光。北壁所绘两身弟子像保存较为完好，面部线条清晰（图25）。两身弟子相向而立，右侧弟子耳长及肩，面带微笑，扭身似乎正在与左侧弟子交谈。左侧弟子表情凝重，左手下垂持念珠，右手于胸前执净瓶。

东壁佛龛龛顶画宝盖、二飞天及诸天乐（图26）。唐代时，敦煌飞天进入成熟时期，艺术形象达到了最完美的阶段。这时期的敦煌飞天已少有印度、西域飞天的风貌，是完全中国化的飞天。东壁龛顶唐代描绘的这两身飞天，虽因年代久远，肤色已氧化变成黑色，面容不清，但整体形象较为清晰：身体轻盈飘逸，姿态优美舒展，人体比例准确，线描流畅有力，巾带随风飘扬，是西千佛洞唐代飞天的代表作。飘曳的衣裙、飞卷的舞带，真如唐代诗人李白咏赞仙女的诗句"素手把芙蓉，虚步蹑太清。霓裳曳广带，飘浮升天行"中所描绘的形象。

图25　西千佛洞第5窟　主室正龛龛内北壁　弟子　初唐

图26　西千佛洞第5窟　主室正龛龛顶　初唐

佛龛顶部描绘有箜篌、琵琶、排箫、芦笙、铙、鼓等乐器，以表现乐器飞翔天际、不鼓自鸣的动态。这类图像被称之为"天乐"，其形态即"不鼓自鸣"。天乐，是佛教中的"天界"之乐，在敦煌壁画中极具特点。依佛教文献，最初的天乐由天龙八部以及天女演奏。后来，为宣扬佛法的神通，天乐开始演变出所谓自翔于天、自发妙音的神话。关于"天乐"的表现形式和内容，在诸多佛教经典中均有描述，如《佛说观无量寿经》："楼阁千万，百宝合成。于台两边，各有百亿华幢，无量乐器，以为庄严。八种清风，从光明出，鼓此乐器，演说苦空无常无我之音。又有乐器，悬处虚空，如天宝幢，不鼓自鸣。"

敦煌壁画中有音乐题材的洞窟达200多个，绘有众多乐队、乐伎及乐器。壁画中描绘了吹、打、拉、弹各类乐器40余种，共4500多件。敦煌藏经洞文献中也有曲谱和其他音乐资料。敦煌壁画中丰富的音乐图像资料，展现了近千年连续不断的中国音乐文化发展变化的面貌，为研究中国音乐史，中西音乐交流提供了珍贵资料。

药师佛

主室南壁绘药师佛一铺（图27）。药师佛，原意为医药大师，佛教中又作药师如来、药师琉璃光如来、大医王佛，为东方琉璃世界的教主。佛教认为药师佛能治病救人，凡"无救、无归、无医、无药、无亲、无家"之人，只要供养药师佛，就可以得救，药师佛就成了人们心目中的救星，药师崇拜也就盛行起来。

敦煌尊像画中，如果从诸佛绘制的数量上看，除千佛外，单体最多的是药师佛像，在唐代达到了登峰造极的地步，往往在一个洞窟内不厌其烦地连篇绘制，反映出人们对药师佛信仰供奉的热情。关于药师佛的形象，《药师经》中虽劝人造立药师佛像供养，但对其形象并未具体规定。敦煌尊像画中的药师佛造型，除少数在说法图中为结跏趺坐姿外，大量的独尊药师佛像为立姿说法像，基本特征是左手托钵，内盛药丸，右手持锡杖或施无畏印。敦煌尊像画中的药师佛像，最早出现在莫高窟隋代第302窟和第305窟。药师佛及药师佛信仰自敦煌出现后便十分流行，仅敦煌莫高窟壁画中，药师佛像就达550余尊。

图27　西千佛洞第5窟　主室南壁　药师佛　初唐

此身药师佛立于莲花台上，头结高圆肉髻，面相长圆，面部已氧化变为黑色，五官不清。上身内着偏衫，外披红色袒右式田相袈裟，衣纹自然流畅、疏密得当、繁简适宜。田相袈裟为袈裟的一种，袈裟横竖裁剪而不缝缀，似田畦，故名"田相"；也有在袈裟上贴似田畦者。《释氏要览·法衣》说方形田相："象征田畦贮水，生长嘉苗，以养形命，法衣之田，润以四利之水，增其三善之苗，以养法身慧命也。"药师佛左手托饰有绞胎纹之药钵，右手举起在胸前作说法印。足下莲台生出蔓状莲茎，茎端莲蕾含苞，莲花盛开，花中跪姿供养菩萨，双手合十，两侧各有两身。这幅药师尊像画构图新颖别致、描绘精细，是唐代药师佛造型的佳作。

第 7 窟

此窟开凿于北魏时期（386—534），经西魏、清代重修，是西千佛洞现存最早的洞窟之一。

北魏是北方少数民族鲜卑族建立的政权。公元444年，北魏建敦煌镇，敦煌成为经营西域的基地。公元524年8月，北魏孝明帝下诏改镇为州，敦煌因盛产美瓜而名之为"瓜州"。公元525年，北魏宗室明元帝四世孙元荣（又名元太荣）出任瓜州刺史，开始治理敦煌。公元529年，元荣受封为东阳王。北魏统治者崇信佛教，在北魏统治北方的一个多世纪里，佛教得到迅速发展。《魏书·释老志》记载："敦煌地接西域，道俗交得其旧式，村坞相属，多有塔寺。"可见北魏时期佛教已在敦煌非常盛行。东阳王元荣本人十分崇佛，受其影响，其家人及属下也大力提倡佛教，敦煌掀起了开窟造像的风潮。

建筑特色

此窟为中心塔柱窟，也称中心方柱窟、中心柱窟、塔庙窟，是敦煌石窟早期洞窟的典型窟形（图28）。

中心塔柱窟源于印度的"支提"式石窟（图29）。"支提"的意思是塔，塔本是存放佛舍利（指佛的遗骨）的地方。在佛像产生之前，塔作为佛的象征物而被崇拜，所以在佛教寺院和石窟中建塔，便于人们绕塔礼拜。印度"支提"式洞窟的形式是在一纵长马蹄形空间的稍后部分建一圆形的覆钵式塔，供信徒礼拜之用，窟内环绕四壁雕刻列柱。之后发展到下部塔台升高，塔的正面开龛造像，礼

图28　西千佛洞第7窟　内景

图29　印度Bhaja（巴贾）石窟第12窟　内景

拜物由覆钵塔转为佛像，塔顶仍有半球状的覆钵。

当佛教经中亚传入我国新疆后，由于开凿石窟山崖的石质条件所限，圆形的覆钵塔就转变为上接窟顶的中心柱，仅在中心柱正面开龛，窟顶多为券形（图30）。继续东传到敦煌以后，在敦煌地区的砂砾岩地质条件下，也不适合精雕细刻，同时受西域石窟形制的影响，中心塔柱窟里的塔就

图30　新疆克孜尔石窟第186窟　窟室内景

成了石窟中后部连接窟顶的方形塔柱。塔柱前的空间供僧侣们聚集作为前堂，窟顶为仿汉式建筑的中间起脊、两面斜坡的"人"字披顶。塔柱周围窟顶为平顶，后部是环绕塔柱作右旋礼拜仪式的回廊。在山西云冈石窟则有雕琢成塔形的中心塔柱。敦煌的碑刻文献中有"中浮宝刹，匝四面以环通"及"刹心内龛"的记载，可以认为敦煌石窟内中心柱的本意就是塔，因此将其称为"中心塔柱窟"。

这种石窟形制虽然起源于印度，经过长途的流传，到了敦煌，它的空间形式与印度的支提空间已大不相同，但功能依然存在。此类形制在敦煌石窟北朝时期的洞窟中非常流行，当与北朝时期流行禅修观像有关，一直延续至晚唐时期，成为敦煌石窟建筑的重要组成部分。以后随着佛教的逐渐世俗化，宗教礼仪的逐渐简化，中心塔柱窟失去了其原有的功能，乃逐渐衰落直至消失。

塑像艺术

此窟中心塔柱四面各开一圆券形佛龛，南向面龛内的倚坐佛是全窟的主尊，身着低领式通肩袈裟，虽头部和双手已失，胸腹及双膝也多有残损，却是西千佛洞唯一保存的北魏原作塑像（图31）。佛像身姿挺拔，双肩浑圆，腰身较细，袈裟轻薄贴体，隐约透露出肢体的轮廓结构，却又是宽松的样式。身上的衣纹以规整细劲的阴刻线表现出来，略呈浅阶梯式，疏密适度。每两条这样的衣纹之间夹有一道纤细而表浅的阴线作为辅线，增加了衣纹的层次，既生动地表现了袈裟轻软细腻的质感，又突出了躯体的起伏变化。这尊塑像的艺术风格，就中国古代的艺术传统而言，是较早的"曹衣出水"式向着源于南朝、当时新兴于北方的秀骨

图31　西千佛洞第7窟　中心柱南向面龛内佛像　西魏

清像、褒衣博带风格的过渡；就外来影响而言，则有笈多与犍陀罗两种艺术元素的融合。所谓"曹衣出水"就是传自印度马图拉地区的造像风格。秀骨清像指的是人物的形体表现，而褒衣博带指的是人物的衣着样式。秀骨清像的风格始于南方，以东晋顾恺之、南朝陆探微为代表。这种风格的出现，与当时南朝的社会思潮和审美思想有关。魏晋南朝士大夫为追求通脱潇洒、飘飘欲仙的生活，竞相以清瘦为美，老庄思想的崇尚清谈、隐逸之风盛行。南朝士大夫"皆尚褒衣博带，大冠高履"、"出则乘车，入则相扶"，他们的时尚就是秀骨清像风格形成的基础。这种风格从南朝传入中原后，又从中原传入敦煌。

　　整体来看，此身塑像造型典雅、衣纹流畅，与莫高窟同期保存完好的作品相比，仍不失为北魏晚期塑像的代表作。

　　从佛像的残破处可以窥见敦煌石窟塑像的制作工艺。由于西千佛洞和莫高窟一样，都是开凿在砂砾岩崖壁上，这种崖壁是由河水长期冲刷而成，其成分是由大小不同的卵石和沙土的混合物组成，胶结性能差，质地疏松，不宜进行雕刻，因此，敦煌石窟中的彩塑均为泥塑。敦煌石窟中的中小型彩塑，例如第7窟中的这身佛像，采用了木骨泥塑的制作方法。也就是先根据塑像的大小及动态制作相应的木构骨架，在木骨架上绑扎本地产的芨芨草、芦苇等做成的草胎，再在上面敷粗泥、中层泥和表层泥。粗泥和中层泥中掺和麦秸，表层泥用河床沉淀的澄板土（一种质地细腻的黏土）。澄板土中再加入少量的细沙，并掺入麻刀或棉花塑出尊像的细部。为了防止收缩变形，在干燥的过程中需用塑刀反复按压，待塑像干燥后赋彩而成。

中心柱东向面

　　中心柱东向面壁画保存较为完整（图32）。龛内存清代重修坐佛一身，着双领下垂式袈裟，佛像身后龛壁绘火焰纹头光和背光。龛内南、北壁各画菩萨四

图 32　西千佛洞第 7 窟　中心柱东向面

身。龛外北侧存清代重修塑菩萨一身，画飞天三身、菩萨五身；南侧残存飞天二身、菩萨三身。

　　龛内南北壁及龛外两侧所绘菩萨皆头戴宝冠、上身半裸、肩披天衣、下着长裙（图 33）。敦煌早期（北凉、北魏、西魏、北周）壁画中，头饰主要表现为菩萨的头冠。菩萨的头发用较宽的带子束起，两侧各垂下一段飘带，称为"冠披"，是这一时期独特的头饰。这一时期出现最多的是三珠宝冠。中央宝珠较大，两侧的较小。中央宝珠中往往伸出一类似鸟头形的饰物，鸟头衔有下垂的三角形流苏坠饰。宝冠上大多装饰有仰月、日月形的饰物，这种装饰题材源于波斯（古国名，其地大致相当于今西亚的伊朗），在波斯国王的王冠上多见。这些菩萨像虽肤色均已氧化变色，但身姿窈窕、体态婀娜、动态各异，整体人物造型颇具西域式风格。

　　佛龛两侧浮塑束帛龛柱，以承托浮塑的龛梁和龛楣，这是北魏时期普遍采用的一种形式。龛柱上部仿佛是用一块布覆盖，然后用线扎住的样子，称之为"束

图33　西千佛洞第7窟　中心柱东向面　龛内南壁　菩萨　北魏

"帛"装饰。龛梁作弓形，其上彩绘间色鳞纹，尾部装饰忍冬叶。忍冬为一种蔓生植物，俗称"金银花""金银藤"，通称卷草；其花长瓣垂须、黄白相伴，故名金银花。因凌冬不凋，故有忍冬之称。忍冬纹，国外学者多称为莨苕纹或棕榈叶纹，最早源于古埃及和两河流域，可能是以棕榈树叶抽象化变形而成，在古希腊的建筑和陶器装饰上较为常见，后来经中亚随着佛教艺术而传入中国，日渐成为普遍流行的一种装饰纹样，在建筑、绘画、雕刻、金银器、刺绣等历史文物上都可见到。因它越冬而不死，所以被大量应用在佛教上，比作人的灵魂不灭、轮回永生。敦煌石窟中的忍冬纹源自西域，同时也受中原的影响，它的形式更多保留了希腊叶纹的特征。在传入中国之后，由吸收到创造，进而被消融在中华文化的整体之中，从而使中国装饰纹样呈现多元化趋势。忍冬纹为敦煌北朝石窟装饰主要纹样，至隋代逐渐消失。

　　中心柱东向面浮塑的龛楣为尖拱形，绘莲花化生缠枝忍冬纹，龛楣边缘以火焰纹装饰（图34）。龛楣楣面中央绘莲花化生童子，童子自莲花中生出，化生半身，两臂伸出，手握莲枝。童子的下半身隐藏在莲花内，上身已氧化变为黑色，两侧是蜿蜒缠绕的莲花忍冬纹，色彩以石绿、石青、白色为主。画工先以淡赭色勾出纹形，再涂饰浓重厚色，最后加描白线，色调和谐统一。

　　龛外两侧上方北魏画五身飞天，头戴宝冠，脸形椭圆，身材粗短。上身半裸，或双手合十，或作散花状；下身着长裙，露出赤脚，飘带宽短。腰部与腿部之间的转折呈"V"字形，动态姿势不够柔和，四肢动作比较僵硬，凌空飞翔的轻盈飘逸之感稍显不足（图35）。这些飞天形象，大体上还保留着浓郁的西域风格特征。飞天面部和身体的颜色历经千年，现已氧化变成黑色，显得粗犷朴拙。从北魏晚期到西魏期间，因受到中原风格的影响，飞天形象发生了明显变化，逐步向中国化转变。

图 34　西千佛洞第 7 窟　中心柱东向面　龛楣　北魏

图 35　西千佛洞第 7 窟　中心柱东向面　龛外北侧　飞天　北魏

十六国及北朝前期，敦煌壁画受西域佛教艺术的影响较深，人物面部与肢体的晕染采用了特殊的叠染技法，即所谓"凹凸法"，又称为"天竺遗法"。此技法从西域传入。其法是先于人体遍涂肉红色，次用深肉色沿肌肤边缘、眼球、鼻翼的凹陷处叠绘两三次，每叠色一次都加深色了度错位重叠，形成了深浅有别的色阶。然后再将眼睛、鼻梁、下颌等高隆部位，加绘白色突出其高光，表现人物肉体的立体感。这种晕染法在敦煌石窟中流行于北朝、终于隋代。古籍《建康实录》记载张僧繇曾在一乘寺使用此法作画，而在敦煌壁画中则多用以表现"势若脱壁"的人物立体效果。叠染凹凸色有浓淡需加白粉调制，经过千百年的时间，加之湿度、光线变化等原因，造成人物色彩部分氧化的现象出现。肉色中混合的铅白、铅丹，随混合的多少不同，有的由红变灰，有的变黑，壁画现状大部分是灰色肌肤，粗黑轮廓；在白色眼球上描绘的双目，经岁月磨损，线迹消失，双目及鼻梁在颜面上显得突出，形似白色书写的"小"字，遂称为"小字脸"。而原本是土红色的线条成了粗犷的灰黑色，使壁画呈现出既古朴又豪放的艺术特色。

双树龛

此窟中心柱北向面的佛龛与其他三面的佛龛有所不同，圆券形佛龛两侧分别浮塑出一棵树，称为双树龛。但树并非全部塑造出来，而是浮塑出树干，树冠则采用了绘画手法（图36）。

图36　西千佛洞第7窟　中心柱北向面　双树龛　图37　莫高窟第275窟　北壁　双树龛　北凉
北魏

敦煌石窟中的8个北朝时期的洞窟中出现了这种双树龛，最早见于莫高窟第275窟（图37），在佛龛两侧分别浮塑有一棵树，树冠部分向中央倾斜而代替了龛楣的形式。树干和树枝全部浮塑而成，然后填涂彩绘，具有很强的装饰性。在佛教的经典中经常出现树，不仅因为佛的诞生、成道、涅槃都在树下，而且树代表的是觉悟和智慧。

天宫伎乐

此窟东、西、北壁上部现存天宫伎乐40身，是西千佛洞保存数量最多且最完好的一组天宫伎乐图（图38）。

敦煌壁画中的天宫伎乐指的是在洞窟的四壁上方或藻井四周绘制的天宫门内奏乐和歌舞的天人，表现的是兜率天宫的大神劳度跋提为供养弥勒而"发弘愿誓"，额头上所出宝珠幻化出来的宝宫、栏、天子天女、莲花、乐器等，天子天女纷纷拿起乐器载歌载舞的一种场面。这一题材在敦煌石窟早期洞窟中非常盛行。

此窟天宫伎乐的表现形式是绘有一个个西域式圆拱形门，门与门之间用希腊爱奥尼亚式柱头相连，门的下方绘有一条天宫栏墙。天宫栏墙为石窟图案的一种，又称天宫凭栏，即敦煌石窟北朝洞窟内环绕四壁上端的"天宫伎乐"凭栏装饰，如现在楼舍阳台的栏墙。凭栏下有梁栋承托，栏墙正、侧、底三面均可见到，有凹凸透视感。栏墙的下方绘三角形和竖条形装饰纹样。圆拱形门与栏墙上下相接，形成天宫。每个圆拱形建筑中有一身天宫伎乐，形体粗壮，面相丰圆，高鼻大眼，头后有圆光，裸露上身，下穿长裙，肩披长巾，以土红、石绿、黑、白、浅灰（调和色）为主赋色，并以西域明暗法（凹凸法）晕染表现主体效果，色调纯朴，明显具有西域佛教艺术风格的影响因素。这些天宫伎乐姿态各异，各具情态，或双手合十，或手持莲花，或举臂舞蹈，为佛国世界增添了欢乐祥和的气氛。

图38　西千佛洞第7窟　北壁西侧上部　天宫伎乐　北魏

图39 西千佛洞第7窟 西壁中部 千佛 北魏

千佛

此窟东、西、北壁中部绘千佛（图39）。千佛是敦煌壁画主要内容之一，数量巨大，贯穿整个敦煌石窟，几乎每一窟内都有绘制。千佛的概念，字面上可释为"一千个佛"，也可"以千喻多"，释作"许多个佛"。从现知的千佛榜题可知是根据《三千佛名经》和《观药王药上经》绘制的过去庄严劫、现在贤劫、未来星宿劫的三世三千佛。在中国石窟造像中，"千佛"一词最早见于炳灵寺第169窟，窟内有西秦建弘元年（420）建窟纪年。敦煌石窟北朝时期的千佛图像开始多绘于洞窟四壁，到北周时，渐由四壁向窟顶四披发展。隋代的千佛像大量绘制，较之北朝更为突出，布满洞窟四壁和窟顶，数量庞大。唐前期由于经变画的发展，逐渐占据洞窟四壁显要位置。千佛像多绘于窟顶四披，遂成定式。唐后期的千佛像，均绘于洞窟窟顶四披上。五代、宋时期的千佛像，形体较大，多承袭晚唐千佛像的特征。西夏时期在重修洞窟时大量绘制千佛，有的洞窟全是千佛像，这种现象直至西夏结束。元朝时期的洞窟则极少绘千佛。

此窟千佛图像排列规整、用色统一、精心绘制，佛像袈裟以绿、蓝、黑、红为主，成组循环排列。每一身佛的榜题都为白色，书写佛名的文字用黑色，现榜题字迹因年代久远已褪色。整体画面呈现出斜向的道道色带，形成了横看成行、斜看成道、佛佛相次、光光相接的艺术效果。

药叉

东、西、北壁下部绘药叉（图40）。药叉为梵文"Yaksha"的音译，也叫夜叉、阅叉，意即"能啖鬼""捷疾鬼""轻捷""勇健"等，是佛教的护法神之一。而关于药叉的种类，《注维摩经》卷一说有三种：一在地，二在虚空，三天夜叉也。据佛经说，它是一种伤人、吃人的恶鬼，后被佛门降服，皈依佛教。

图40　西千佛洞第7窟　西壁北侧下部　药叉　北魏

敦煌早期石窟中，药叉大多绘于窟内四壁和中心柱之下层，面目丑陋狰狞，形象粗壮健硕，常被画成神武刚劲的力士形象，以示镇妖降魔、保护佛法。此窟墙壁下部描绘的药叉形象怪异，造型彪悍，勇健轻捷，动态夸张，扬臂踢腿，袒腹赤足，下着短裤，色彩以黑色和土红色为主。虽然形象丑陋、笨拙，但是丑中见美，诙谐风趣。

供养人像

此窟中心塔柱下部为重层壁画，底层为北魏时期绘制的药叉像，西魏时期摅薄泥将底层壁画覆盖，在表层绘制供养人像（图41）。所谓供养人，就是信仰佛教、出资建窟的施主和捐助者，将自己的像请画工绘于洞窟内。敦煌石窟中现存供养人画像9000余身，包括了当时社会的各阶层、各民族的佛教信仰者。既有王公大臣、地方官吏、贵族妇人、寺院僧侣，也有戍边将士、庶民百姓、官私奴婢等；既有汉族，也有鲜卑、吐蕃、回鹘、于阗、西夏、蒙古等少数民族人物形象。画像均为全身，多是群像，单身像较少。敦煌石窟中的供养人画像是1000余年古代人物画的长廊，一定程度上还原了不同朝代的历史原貌，具有美术史、民族史、服饰史和佛教史的多重历史价值。

此窟所有供养人像分为上下两排，形象较小；其排列方式有的男在上、女在下，有的男在左、女在右。供养人相貌及发髻均已漫漶不清，但衣服的样式保存较为清晰。男供养人有的上身穿红色圆领窄袖齐膝衫，下身穿束口裤，腰间系

图41　西千佛洞第7窟　中心柱西向面　佛龛下部东侧　供养人群像　西魏

带，有的身穿黑、红、绿三色对襟袴褶。女供养人着帔、大袖襦、间色长裙。男供养人服装带有少数民族服饰紧窄的特色；女供养人装束应属当时贵族女子的常服，其式样受到南朝的影响，体现了西魏时期南北融合的特征。

延伸阅读

　　曹衣出水　指北齐画家曹仲达所画人物，即运用稠密的细线表现薄质贴身衣褶，犹如刚从水中出来一样。唐人张彦远写的《历代名画记》上说："曹仲达，本曹国（今乌兹别克斯坦）人也，北齐最称工，能画梵像，官至朝散大夫。"

　　犍陀罗　位于今阿富汗境内的库纳尔河与今巴基斯坦的印度河之间，曾为南亚次大陆古代十六国之一。公元前4世纪后期，希腊马其顿国王亚历山大入侵南亚，占领了犍陀罗地区，犍陀罗成为希腊人在东方统治的中心之一，其文化颇受古希腊文化影响。公元前3世纪，印度孔雀王朝阿育王曾派遣僧人来此弘扬佛法，佛教开始于此地兴盛。公元1世纪上半叶，犍陀罗成为贵霜王朝的政治、贸易与艺术中心。贵霜王朝的文化是古印度、希腊、大夏文化之混合，尤其受希腊文化影响较甚。公元1世纪末叶，犍陀罗和北印度的马图拉（亦称秣菟罗）打破了印度早期佛教雕刻只用法轮、足迹、宝座、菩提树等象征手法表现佛陀的惯例，几乎同时创造了最初的佛陀形象。犍陀罗佛教艺术深受古希腊、罗马艺术影响，形成了姿态生动、线条简练、衣纹质感强的特色，故被称为"犍陀罗雕刻"，又有"希腊式佛教雕刻"之称。后期渐受马图拉艺术流派的影响，融合于印度传统艺术中。今犍陀罗一带仅存部分遗址。犍陀罗艺术对中亚和中国的佛教艺术发展产生了很大影响。

马图拉　梵文名"Mathura"，又译作"秣菟罗""马土腊"，古称"孔雀城"，为古代印度的秣菟罗国。位于恒河支流叶木那河西岸，距今新德里东南约140公里，自古是商业、宗教和艺术的名城，尤以雕刻著称。马图拉地处连接印度中部与西北部的交通要冲，与犍陀罗一样属于东西方文化的交汇之地。马图拉与犍陀罗同为贵霜王朝统治下的佛教雕刻两大中心，在贵霜王室的庇护下，马图拉的佛教雕刻盛极一时。公元2—3世纪，马图拉大规模承造佛像，运往印度各处寺院。这个地区盛产一种红色砂岩石，成为该地区佛教造像使用的主要材质。因马图拉造像产生于印度本土，更强固地保持了印度本土的文化传统，所以造像的衣饰、身材、面部五官以及雕刻手法一开始便带有鲜明的印度传统审美特色。

化生　佛教常用术语。佛教宣扬人有四生："一曰胎生，二曰卵生，三曰湿生，四曰化生。"佛教所指的化生就是从莲花中出生。"化"与"花"同义，"化生"就是"花生"的意思。佛教"净土三经"中宣扬：只要闻听佛经佛法，口诵阿弥陀佛，心想西方净土的人，其寿命终时，阿弥陀佛和八大菩萨就会接引他往生西天极乐净土；他的生命会在西方净土世界的七宝池、八功德水中育化后，从莲花中化生出世，但他化生出世的时间，由前生修行的业力而定，分为"三辈九品"，即"三等九级"。敦煌壁画中为了形象地表现这一内容，在莲花含苞或刚开的莲花中画一些或坐或立的童子，称之为"化生童子"。

第 8 窟

此窟开凿于北周（557—581），经隋代重修。

北周时期的敦煌比较安定，丝绸之路畅通无阻，敦煌成为北周宇文氏王朝的西部重镇。据记载，北周时期，大将军段永、大都督李贤、建平公于义都曾任瓜州（敦煌）刺史，诸刺史均信仰佛教，因此，北周时期敦煌地区佛教石窟的开凿也很兴盛。公元574年，北周武帝宇文邕下令废佛、道二教，毁坏经像，罢沙门、道士，并令沙门、道士还俗。周武帝灭佛，虽然在长安及其附近造成了极大的破坏，但是在其他地区破坏的程度则很有限。这次灭佛运动也波及敦煌，但由于敦煌地处边陲，废佛洪流波及敦煌时已呈弱势，对敦煌佛教石窟开凿的影响似乎并不大。敦煌莫高窟现保存北周洞窟14个，是莫高窟北朝各时期洞窟中保存最多的。西千佛洞现存北周洞窟4个，在五个庙石窟也可以看到北周壁画残痕，表明北周时期敦煌石窟有较大规模的营建。

图42　西千佛洞第8窟　窟室内景

此窟为中心塔柱窟，前部"人"字披，后部平棋顶（图42）。主室南壁及窟顶"人"字披南披已坍塌，北披亦部分残损。十二椽间只有东端三格保存完整，每格皆画一跪姿供养菩萨及缠枝莲花纹饰，颇为简练。中心塔柱仅南向面（正面）开一圆券形龛，龛上及两侧是浮塑的龛梁和束帛形龛柱（东侧龛柱已失），龛楣绘莲花化生缠枝忍冬纹，边缘以火焰纹装饰。中心塔柱其余三面均未开龛，北向面壁画已脱落，东、西向面各绘说法图一铺，下绘供养人。窟室后部东壁及东侧窟顶壁画为隋代所绘，其余壁画均为北周时期的原作。

塑像艺术

中心柱南向面圆券形龛内坐佛和龛外二胁侍菩萨均为北周时期原作（图43）。佛像头部已毁，露出木质骨架，身体部分保存较为完好。主尊佛结跏趺坐于台座之上，双手结禅定印，内着绿色僧祇支，于胸前打结，外披双领下垂式红色袈裟，衣纹采用阴刻线手法，表现衣服质料轻薄，袈裟笼住双膝。整个塑像造型强调身体的质感和完整性，双肩浑厚饱满，改变了西魏时期佛像的清瘦秀丽，而趋向质朴、厚重。龛外两侧各塑胁侍菩萨一身，为紧贴壁面的高浮塑，头部已失，身体扁平，倚壁而立，

图43　西千佛洞第8窟　中心柱南向面　塑像　北周

双手合十，上身半裸，腰束羊肠裙，肩披天衣，天衣采用绘塑结合的表现形式，与塑像和谐统一。羊肠裙是古代裙的一种款式，原为流行于我国西北少数民族地区的一种褶裙，汉末三国时传入内地。据载，这种裙用布一匹，由于挛缩如羊肠而得名，形式比较瘦窄。魏晋时贵族妇女多以着羊肠裙为时髦；至隋唐时，士庶女子也有穿着。

说法图

中心柱东、西向面各绘说法图一铺，下方绘供养人。中心柱西向面说法图（图44），画面中央绘1身坐佛，面相丰圆方颐，庄严肃穆，身着红色通肩袈裟，右手作施无畏印，左手握袈裟，结跏趺坐于须弥座上说法。须弥座，又名"金刚座""须弥坛"，源自印度，系安置佛、菩萨像的台座。佛身后绘火焰纹背光，背光上部绘菩提宝盖，两侧各绘3身飞天，动态舒展自如，飘带翻卷流动。佛两侧胁侍菩萨18身，头戴宝冠，赤祖上身，颈挂项圈，腰系长裙，形象生动优美，表现出聆听佛法时欢喜赞叹、手舞足蹈的心情。菩萨所着服饰为裙披式，披巾搭肩顺臂而下，单层长裙，裙摆成尖角下垂。整铺画面以土红为底色，再以青绿赭白等颜色敷彩，采用西域式的凹凸晕染手法，表现人物面部与身体的立体感。色调热烈浓重，线条粗犷浑厚，人物形象挺拔。人物面部、胸部、腹部因晕染变色而形成粗黑圆圈，眼睛、鼻梁、下颌处涂白色，表现出浓厚的西域风格特征。

图44　西千佛洞第8窟　中心柱西向面　说法图　北周

图45　西千佛洞第8窟　中心柱东向面　说法图　北周

　　中心柱东向面说法图（图45）的构图与绘画技法与西向面说法图大致相似，所不同的是：东向面说法图中，佛两侧菩萨的上身穿独袖半臂紧身天衣，下着长裙。中心柱座身上沿绘忍冬纹图案装饰，上部存发愿文榜题一方。这是西千佛洞现存最早且内容较详细的一方题记，有70余字尚可辨识，其内容讲的是佛门弟子昙藏为其亡祖父母做功德造像所作的发愿文，具有较高的研究价值。发愿文亦名"造像记""造像铭"，中晚唐以后多名"功德记"，是表述施主造像誓愿的文体。北朝造像盛行，发愿文尤多。敦煌石窟中现存开窟造像发愿文较多，但多已漫漶不清。这些功德记是研究敦煌历史、考释壁画内容的珍贵史料。

平棋图案

此窟主室后部为平棋顶。平棋是古代宫殿内顶部的装饰，俗称"天花板""承尘"。其单元结构是四条木板结成一个方井形，方井之内再交错套叠方井，多个方井互相连接成棋格状；方井中央饰一莲荷，即古建筑中所说"交木为井，反植荷蕖"。若干方井相连装饰于屋顶，即为平棋，或称之为"斗四方井套叠平棋""抹角叠砌平棋"。考古出土的河南洛阳王莽时期（公元1世纪初）以及山东沂南、日照和四川乐山的东汉（公元2世纪末）墓室顶部已出现画像砖和石雕的方井套叠平棋。这种常用于建筑顶部的装饰构造，也被引进佛教石窟中。敦煌石窟北朝时期平棋图案主要绘制在中心塔柱窟内，有泥塑彩绘和平面彩绘两种。平面彩绘平棋图案较为常见，无论是哪一种形式，均构图严谨，既有建筑上的象征意义，又有很强的装饰性。

此窟窟室后部西侧平顶为北周绘莲花、飞天、忍冬纹平棋图案3方（图46）。方井中心绘圆轮形莲花图案，外层四角均为白底，绘飞天和散点小花纹，内层四角绘火焰纹，边饰为散点纹、忍冬单叶连续纹、菱格纹、波浪纹。

窟室后部东侧平顶存隋代绘莲花、飞天、忍冬纹平棋图案3方（图47），是隋代相当成熟的作品。方井中心绘圆轮形大莲花，莲花图案用同心圆概括。叠套的桁条上绘云气、忍冬等纹样的边饰，内层四角绘佛和火焰纹，外层四角绘飞天、忍冬纹、摩尼宝珠（又称如意宝珠），绘制工整，纹样清晰，色彩较为完好。

图46 西千佛洞第8窟 中心柱西侧 平顶平棋图案 北周

图47 西千佛洞第8窟 中心柱东侧 平顶平棋图案 北周

窟室东壁

主室东壁壁画的布局与其他北周所绘各壁大体相同。东壁前端上沿残存北周绘飞天2身，以飞天代替了前代的天宫伎乐，天宫建筑已消失，只剩下天宫栏墙和垂幔。与原来的伎乐不同，这时的飞天伎乐不再是单纯的舞蹈姿势，而统一变成飞翔的姿态。窟室后部东壁壁画为隋代所绘，在西千佛洞的隋代作品中表现出较高的艺术水平。东壁后部上沿中间绘一摩尼宝珠、二飞天，两侧各绘伎乐飞天5身，从左右两边飞向中央的莲花摩尼宝珠（图48）。伎乐飞天持排箫、芦笙、琵琶、箜篌等乐器，披帛均为宽幅，姿态类似。东壁上端的伎乐飞天与北壁和西壁上部北周时期所绘的飞天风格迥然不同。北壁和西壁的飞天形象受印度西域风格的影响，面相平圆，躯体短壮，上身半裸，着披巾长裙，四肢动作较僵硬，缺乏飞腾的动感，变色后呈现出粗犷、稚拙的状态。东壁上部隋代的飞天，受到中原风格的影响，身材比例适中，姿态生动，轻盈飘逸，描绘细腻，向后疾飘的披帛凸显了飞行的节奏感，给洞窟增添了无穷的动感和生气。这些飞天形象已完全摆脱了西域画风的影响，以中原技法取而代之，形成了较成熟的艺术风格。

天宫栏墙下方画千佛7排，其中间下部隋代绘说法图一铺（图49）。在方形构图中，主尊释迦佛于须弥座上结跏趺坐说法，左手握衣襟，右手作说法印，身后有

图48 西千佛洞第8窟 东壁 说法图 隋

图49 西千佛洞第8窟 东壁后部上沿 伎乐飞天 隋

火焰纹背光。主尊两侧各有1身菩萨侍立，头戴宝冠，身着大袖交领长袍，肩披天衣，足登笏头履，双手捧莲花供养。菩提树上悬挂垂帐形华盖，左右各有1身飞天托大花盘相向而飞；从菩提树上生出的大莲叶作为菩萨的华盖，形式新颖别致。此图布局均衡、描绘工细、色彩丰富，与同窟的北周作品相比，自有精细与粗拙之分。

说法图下部发愿文榜题南侧绘比丘1身、男供养人存5身与2身侍童，北侧绘比丘尼2身、女供养人8身与侍女10身以及供养牛车1辆、车夫1人、马1匹（图50）。在敦煌壁画中牛车出现数量很多，形象也很丰富。北周至宋代，洞窟中有车辆图像的30多个窟中，共出现50多乘，均为双辕双轮结构，单牛牵拉。此幅壁画中一辆牛拉安车（古代可以坐乘的小车），牛的旁边露出一匹红色骏马，马前有一位身着黑衣的马夫，高举一手，似在驯马。

驯马的场景在莫高窟第290窟也有绘制（图51）。马夫为高鼻深目的胡人，头戴白毡帽，身穿小袖褶，脚蹬长靿靴，一手拉缰绳，一手举鞭，两眼圆睁，正在调教一匹红色骏马。马前腿抬起、后腿紧蹬。画家把马桀骜不驯的性格特征和驯马的情景刻画得淋漓尽致。

图50 西千佛洞第8窟 东壁下部北侧 供养牛车 隋

图51 莫高窟第290窟 中心柱西向面下部 胡人驯马 北周

张大千题记

　　主室北壁中部存张大千墨书题记两方，东侧一方"第五窟，壬午十一月廿七日蜀人张大千再度来"（图52）。"第五窟"即张大千先生对现第8窟的编号，"壬午十一月廿七日"为1943年1月3日。

　　西侧一方："青海韩辅臣、武进谢稚柳、德阳萧建初、朱方刘力上、内江□□□（此三字被利器刮去，仅第一字隐约可看出'张'字，当即张大千），同六侄比德、十儿巡礼法窟。"（图53）1942年，第二次赴敦煌的张大千写信给谢稚柳，劝他到敦煌做伴，谢稚柳欣然前往，当年秋抵达。谢稚柳先生在1955年出版的《敦煌艺术叙录》一书中对张大千所编号的19个洞窟做了详细记录，包括洞口洞内及佛龛尺寸、塑像、画记、供养人像等，是目前所见对西千佛洞内容全面调查最早、最全的第一手资料。

图52　西千佛洞第8窟　主室北壁　张大千题记

图53　西千佛洞第8窟　主室北壁　张大千题记

释迦、多宝说法图

北壁西侧中部绘释迦佛与多宝佛并坐说法图一铺（图54）。这一题材见于《妙法莲华经》（简称《法华经》）中的"见宝塔品"，佛教艺术中将此作为《法华经》的象征，随着法华信仰在北朝盛行，并与千佛结合而成为石窟寺中禅观的主要内容之一。经文中说过去世多宝佛曾发下大愿："若我成佛灭度之后，于十方国土有说《法华经》处，我之塔庙为听是经故，涌现其前作为证明"。于是，每当释迦牟尼佛讲《法华经》时，多宝塔果然涌现出来，令众弟子惊诧，求见多宝佛。但多宝佛还发下誓愿，"其有欲以我身示四众者，彼佛分身诸佛，在于十方世界说法，尽还集一处，然后我身乃出现。"于是，每到此时，四方诸佛云集，释迦佛在与会者的请求下用右指打开多宝塔，见多宝佛坐于塔内。多宝佛请释迦佛入塔，释迦欣然应邀。多宝佛让出自己的一半座位请释迦同坐，于是二佛并坐于塔内说法，赴会者均因释迦的神力升到虚空。

画面中以圆券龛的形式代表多宝塔，释迦、多宝二佛于塔中并坐说法，均着红色偏袒右肩式袈裟，左手握衣襟，右手为说法印。龛外两侧各绘2身胁侍菩萨，头戴宝冠，着披巾长裙。这铺说法图构图简洁明快、人物形象自然生动，为敦煌石窟艺术中北周时期的代表作。

释迦、多宝二佛并坐像不见于印度和中亚，可能是中国独创。我国现存最早的释迦、多宝造像实物是北燕太平二年（410）李普造的小铜像，但石窟造像还是主流。石窟中现存最早的二佛并坐像来自炳灵寺石窟第169窟西秦时期的壁

图54　西千佛洞第8窟　主室北壁西侧　释迦、多宝说法图　北周

图55 莫高窟第428窟 主室西壁 释迦、多宝说法图 北周

画。敦煌石窟北朝洞窟中现存5铺释迦、多宝二佛并坐像，其中北魏彩塑1铺、西魏壁画2铺、北周壁画2铺。西千佛洞的这铺释迦、多宝二佛并坐像与莫高窟北周第428窟中的同类题材相比，在图像特征及在石窟中的位置都很相似，均绘制在洞窟的正壁。第428窟释迦、多宝并坐说法图（图55），以龛示塔，龛楣绘五色光火焰，龛内释迦、多宝佛并坐于须弥座上，二佛均着红色袈裟，左手握衣襟，右手作说法印。龛外两侧各绘2身胁侍菩萨。

涅槃变

主室西壁千佛中绘涅槃变一铺（图56）。涅槃变是涅槃经变的简称，为敦煌佛教经变画之一，依据《佛说大般涅槃经》绘制，表现佛祖释迦牟尼涅槃、弟子以及世俗信徒等哀悼的情景。涅槃是梵文"Nirvana"的音译，原意为熄灭、寂静，意译为"圆寂""灭度"。涅槃不是死亡。释迦牟尼之死，是觉悟生老病死的轮苦道而从此解脱，达到永远的、充满安乐的、有真正自我的和清净没有污染的境界。据佛经讲，释迦80岁那年，年老体衰，身体不适，作了最后一次说法后，来到拘尸那迦城附近的娑罗树林的双树下，侧身右卧，又对比丘和弟子们作了最后的一番叮咛，闭上双眼，进入涅槃境界。由于涅槃像是躺着的佛像，所以，一般又俗称为"卧佛"或"睡佛"。

早在印度原始佛教时期，为了纪念这位佛教的创始人，就在释迦涅槃处，以传统的方式建造窣堵坡（即佛塔）作为标志。在佛像产生以前，印度巴尔胡特窣堵坡、桑奇大塔西门的雕刻上，就用窣堵坡象征佛陀涅槃。世界上现存最早的涅槃造像始见于公元2世纪的犍陀罗浮雕中，一直延续到公元5世纪。其特征是释迦右胁向下，枕右手，左手伸直放在身上，双足相叠，横卧于寝台上，以示释迦涅槃。佛家称这种姿势为"狮子卧"，和凡人去世的仰卧姿势不同。它象征释迦达到了一种"常乐我净"的永恒境界——不死之"死"。

随着佛教东渐，大约在公元4世纪，新疆的克孜尔石窟（在古龟兹）出现了涅槃经变，并成为主要的塑绘题材之一。现存绘有涅槃壁画的洞窟占有壁画洞窟

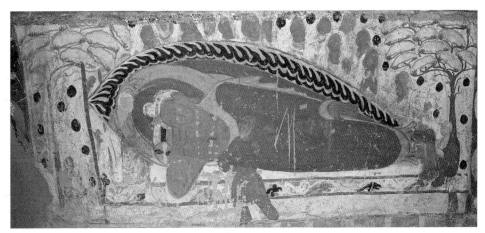

图 56 西千佛洞第 8 窟 主室西壁 涅槃变 北周

一半以上。以风格而言，其画面出现的人物及布局和构图，明显受到犍陀罗艺术的影响，如释迦作"狮子卧"。

所谓"经变"就是佛经的"变现"或"变相"，也就是把佛经里的内容变为图像。广义的经变是指依据佛经而创作的绘画或雕塑作品，用以宣传佛教教义。狭义的经变是指综合表现一部佛经主要思想，且具有一定规模，人物众多、场面宏大的绘画（或雕塑）。学术界多采用狭义的经变概念，这样就容易区别于佛经故事画等主题画了。据张彦远的《历代名画记》载，南朝宋时袁倩画过"维摩诘变"，梁代儒童画有"宝积经变"，可见南朝时已有"经变""变"的称呼，实物今无存。经变画是我国佛教艺术的独创形式，据统计，敦煌壁画中的经变画总计有30多种1000多幅。不同的经变画表现各自不同的佛经内容，不同的经变有不同的构图形式。

这铺涅槃变中，释迦牟尼右胁而卧，身着袒右袈裟，右手支颐，左手自然置于身侧，双足相叠。画面两端各有一棵树，即娑罗双树。佛火焰纹身光上方描绘众多弟子举哀的情景，面部细节因褪色或变色而不甚清晰，细辨可以看出其中多数弟子哀恸而哭，表情悲伤。释迦的脚部有一呈跪姿的抚足者，应是佛的大弟子迦叶。据佛经讲，佛涅槃时，迦叶正在伊筛梨山中率弟子修行，经常坐在一块色如琉璃的大方石上诵经行道。一日，迦叶和其中六个弟子在睡梦中都梦见常年坐的方石从中破裂，周围的树木都连根拔起。有的梦见泉水皆枯竭，鲜花零落；有的梦见日月坠落，普天失明；迦叶梦见大地震动。早晨起床后，六个弟子一起对迦叶讲述了梦中的事，迦叶知道梦中的征兆预示着释迦牟尼将临涅槃，于是率众弟子即刻启程，赶赴拘尸那迦城。他长途跋涉到达娑罗双树间，看到恩师释迦牟尼已入涅槃，抚棺悲泣。佛感知迦叶来迟，从金棺中伸出双脚，迦叶双膝跪地双手礼佛足。

在佛陀身前，有一位身着红色服饰、眉须皆白的世俗老者形象，面向佛陀，身体有向前的动势，左手置于胸前，右手颜色已褪去。有学者研究认为这一世俗人物是"释迦的侍医耆婆"，但也有学者认为可能是佛弟子须跋陀罗。须跋陀罗是释迦牟尼临涅槃时所收的最后一名弟子，当时须跋陀罗已经120岁了，修行虽久但不得其法。佛便派阿难唤须跋陀罗，须跋陀罗与阿难来到娑罗双树下，释迦牟尼为其说法，须跋陀罗闻佛说法，心中大悟，得证阿罗汉果位。须跋陀罗得证后，劝请释迦牟尼住世教化，释迦牟尼默然不许。须跋陀罗不忍见恩师涅槃，所以点火自焚，先于释迦牟尼前入灭。还有学者将这一世俗人物解读为最后皈依佛法并以布匹供养佛的在家弟子福贵。福贵之布匹供养，是涅槃经所记的佛陀最后一次亲自接受在家人的实物布施。佛对福贵的教导也是对在家居士的最后教法。

画面左方还有两人，一位是须、发、眉皆白的老者，站立在佛陀枕边，紧临佛头左侧，身着袈裟，身体微前倾，有学者认为此人是为佛扇风的梵摩那比丘。梵摩那曾经在阿难之前长期担任佛的侍者，他手中似持有物，以白色勾勒形状，画面褪色，难以辨识，有可能是团扇或拂尘。另有一人坐于左端树下，可看出其禅坐的身姿以及覆于头上似风帽状的红色袈裟，有学者考证认为此人应是须跋陀罗。关于这几身人物的具体身份，还有待学者进一步考证辨识。

此窟的涅槃变与莫高窟北周第428窟主室西壁的涅槃变（图57）为敦煌石窟中现存最早的涅槃图像。莫高窟第428窟西壁的涅槃图中，释迦头枕方枕，双手伸平外露，仰卧于床上。此窟和莫高窟第428窟中的涅槃图像与犍陀罗和古龟兹的涅槃图十分相似，但第428窟图像的佛陀作仰卧的睡姿，说明这是中原风格，这也是汉地与西域涅槃像之间最显著的区别。北朝时汉地盛行仰卧涅槃造像，可能由于早期多数画师塑工尚不理解佛教"涅槃"的深层含义，以为"涅槃"就是死，所以用汉地传统的人死后仰卧入棺来塑造释迦的涅槃形象。江苏连云港孔望山摩崖石刻的涅槃像，佛陀作仰面而卧，佛周围围绕人数众多的举哀比丘。河南洛阳龙门石窟普泰洞，佛同样作仰面而卧，两手直伸。对比西千佛洞第8窟和莫高窟第428窟中的这两幅涅槃图可知，北周时期敦煌地区既有西域、犍陀罗式的涅槃图，又有中原汉地式的涅槃图，是受两种不同风格的影响，这也说明敦煌是汉地与西域两种涅槃图像的相遇地与融合地。

图57　莫高窟第428窟　主室西壁　涅槃变　北周

延伸阅读

20世纪上半叶敦煌西千佛洞考察史简述

20世纪上半叶，一些中外探险家、学者及旅行者来到西千佛洞考察，并以游记、书信或著作等方式，对西千佛洞的史地交通、洞窟时代、艺术风格、题记内容等方面做了记载，这为我们了解西千佛洞的历史面貌提供了多方面的研究参考资料。

1908年2月，法国著名汉学家、探险家伯希和（图58）率法国中亚探险队来到敦煌，2月至6月间对敦煌莫高窟进行了全面考察，对所有洞窟进行了编号、测量、拍照和抄录各种文字题记，对大部分洞均做了详细的文字记录，同时拍摄了大量的照片，这是有史以来第一次对莫高窟进行的全面而详细的考察活动。在敦煌莫高窟考察期间，他从王道士处骗购了藏经洞文物万余件，装满10辆大车运回法国，现分藏于巴黎法国国家图书馆和吉美博物馆。1908年6月3日—6月6日，伯希和等人对西千佛洞进行了发掘和记录。对西千佛洞有这样的记载："共有50多个石窟，但仅有一打左右的石窟绘制有装饰"，"由于这些石窟部分已经被坍塌物和黄沙所填满，挖掘基本上是一整天一无所获"。因此，他们只进行了3天的发掘清理。伯希和在那里找到一枚部分被烧焦的木简，上面有西夏文字，他推断："这些石窟在13世纪或14世纪左右，尚被人清扫和经常有人往来……"

继伯希和之后，瑞典生物学家毕尔格·布林博士（Birger Bonin）于1931年6月来到西千佛洞，他也是斯文·赫定考察团（中瑞西北科考团）团员。1931年6月中旬，布林和他的小团队准备从安西城（今甘肃省瓜州县）出发，沿疏勒河到青海哈拉湖进行考察。途经敦煌时，听当地人说在党河边放牧时发现了一个新的石窟，于是他便改变了线路，前往西千佛洞。布林到达西千佛洞后，进行考察活动并绘制了洞窟草图，拍摄了一些照片。关于这次考察成果，布林在1936年7月《哈佛大学学报》第一卷的亚洲专栏上发表了题为《敦煌西千佛洞新探》（*Newly Visited Western Caves AtTun-huang*）的初步考察报告。《敦煌西千佛洞新探》对西千佛洞的地理环境、石窟内容、石窟保护等方面进行了论述，这些成果成为西千佛洞最早的历史档案，是研究西千佛洞不可或缺的材料。布林对石窟的毁坏十分关注。他对石窟和壁画损坏的原因进行了细致的分析，并呼吁对石窟进行有效的保护。他认

图58 法国探险家伯希和

为西千佛洞的破坏主要来自自然和人为两方面。作为一个有着良好素养的学者，布林深知自身缺乏石窟考古的专业知识，所以他并没有对石窟进行任何发掘，仅仅是详细地记录西千佛洞当时的状况，以供专业学者进行研究。

在布林结束西千佛洞考察后，1931年秋天，有三位英国女传教士也来到西千佛洞，她们是盖群英、冯贵珠和其妹冯贵石。三位女传教士曾在敦煌居住了一段时间，她们同样听说在党河边发现了新的石窟后，便前往探访西千佛洞。她们三人将此次西千佛洞的行程记录在1934年发表的游记《沙漠日记》（*A Desert Journal: letters from Central Asia*）中。虽然她们探访西千佛洞的时间要晚于布林，但是关于西千佛洞记录的发表却要早于布林的考察报告。在她们的游记《沙漠日记》里没能找到当年的西千佛洞旧照，但书中提及了敦煌本地人最初发现西千佛洞的一些细节。

1930年，斯文·赫定派助手Nils Hörner（何奈尔）和Chen Parker C.（陈宗器）前往楼兰以东地区测量罗布泊扩大后的浅表水域面积。途中，这两人和他们的蒙古族助手在敦煌停留了一周，其间前往西千佛洞考察。何奈尔把敦煌描述成"一个美丽而繁荣的绿洲，人们可以在这里休息、重建大篷车及其补给"，但在西千佛洞只是走马观花般地浏览了一番。

1941—1943年，张大千在敦煌临摹壁画期间，初次对西千佛洞进行了调查、编号和记录。他至少于1942年和1943年两次到过西千佛洞，其中，1942年他和谢稚柳一起前往西千佛洞考察。

1942年春，我国著名的历史学家、中西交通史和敦煌学专家向达先生代表北京大学参加当时中央研究院组织的西北史地考察团，这是他首次赴西北考察。

图59　1943年张大千、谢稚柳、向达等在瓜州榆林窟考察

1942年10月18日清晨，向达与考察团地理组其他同人到西千佛洞考察，20日上午再次来到西千佛洞考察。他对西千佛洞给予了很高的评价："西千佛洞各窟大都北魏所开，壁画以及窟内中心座形式，与千佛洞大致相同，而更率真，时代或较敦煌者稍早……艺术造诣上虽不及敦煌之博大精深，而在历史上却颇耐人寻思。"向达先生将西千佛洞的内容题材

与莫高窟做了比较，对西千佛洞的开凿时间，他有自己的判断："纵不能早于莫高窟，当亦与之相先后也。"

1942年7月31日，当时中央研究院历史语言研究所的劳干与石彰如两位先生赴南湖途经西千佛洞考察，在写给傅斯年的信中汇报了考察西千佛洞的过程，并描述了当时西千佛洞的保存状况。1942年9月22日，劳干和石彰如两位先生结束了在敦煌的测绘，离开敦煌。劳干先生此后的精力多在居延汉简的整理考释，再未涉及敦煌。后来石彰如先生出版了《莫高窟形》一书，但其中并未发现有关西千佛洞的记述。

1943年3月，敦煌驻军142团勘察阳关和玉门关遗址，向达先生受邀同往；19日赴南湖途中夜宿西千佛洞，这是他的第二次西千佛洞之行。

1944年，当时的中央研究院、中央博物馆筹备处和北京大学文科研究所联合组成西北科学考察团历史考古组，任命向达为组长。同行的还有考古学科班出身的夏鼐和向达在北大文科研究所的研究生阎文儒，三人于当年5月19日抵达敦煌。同年8月12日，夏鼐和阎文儒到西千佛洞考察，二人均对石窟做了记录（图60）。同年10月31日，夏鼐与阎文儒一行由敦煌城动身，准备赴南湖和西湖（即两关遗址）考察，至西千佛洞附近时已是傍晚，他们再次对西千佛洞进行了考察。1945年，阎文儒从河西考察回来后记录了他与夏鼐的西千佛洞之行。此行夏鼐与阎文儒对西千佛洞的史地考察，也是20世纪40年代历次考察中最全面的一次。

1944年3月12日，时任国立敦煌艺术研究所（敦煌研究院的前身）研究员的史岩与张民权等人从敦煌城出发赴阳关。途中，史岩在南湖店幺店附近的党河边发现了残窟。第二天进入西千佛洞调查，他记载道："现存洞窟凡三十有八，惟存绘塑遗迹者不及半数。"3月17日从阳关返回敦煌城途中，史岩抵达西千佛洞继续入洞工作。第二日清晨，史岩在南湖店沿滩北行勘查，他对南湖店残窟的考察，在同期诸家记录中最为详尽。

1953年3月5日，改组后的敦煌文物研究所组织了一次对西千佛洞的考察，并发表了《西千佛洞的初步勘查》一文，对西千佛洞的修建背景、周边环境、石窟内容及维护进行了记录。

图60　西千佛洞外景　夏鼐摄于1944年

第 9 窟

此窟开凿于西魏（535—556），经北周、隋、唐、回鹘和清代重修。窟室中央设中心塔柱，仅南向面（正面）开一圆券龛，其他三面均未开龛，塑像均经清代重修或重塑（图61）。窟顶前部"人"字披、后部平棋顶。此窟现存西魏时期的原作较少，主室东、南、西壁均保存有多个时代的壁画。

敦煌石窟西魏时期的佛教艺术，并非严格依照中原王朝的政权更迭来划分，实际上跨越了北魏晚期和西魏这两大统治时期，也就是东阳王元荣家族统治敦煌的约公元525年至557年之间。在东阳王元荣的倡导下，敦煌兴起了开窟造像之风。中原的佛教造像，壁画的内容和形式也随着这股风潮传到了敦煌，从而突破并削弱了敦煌石窟原来的西域模式，使中原风格得到强化，并逐渐形成了具有敦煌地方特色的佛教艺术。

图61　西千佛洞第9窟　内景

交脚弥勒说法图

中心柱南向面佛龛上部浮塑尖拱形龛楣，龛楣外缘绘火焰纹边饰，楣中绘交脚弥勒菩萨说法图，为西魏时期原作，保存完好（图62）。

佛教中，释迦牟尼佛是现在佛，释迦涅槃后，继承释迦为佛陀的是未来佛弥勒。"弥勒"原意为慈悲，故又称之为"慈氏"。中国早期的弥勒造像随着弥勒信仰的产生而流行。敦煌壁画中保存有南北朝至宋朝100铺弥勒经变，还有许多弥勒说法图和弥勒单尊像，反映了敦煌地区弥勒信仰的流行情况。敦煌石窟中，弥勒造像常见的说法身姿有三种：半跏思惟坐、交脚坐、善跏趺坐。交脚坐式的菩萨像源自西域犍陀罗艺术，特别受波斯艺术影响，因有交脚坐乃波斯王坐法之说。交脚弥勒菩萨造像是我国魏晋南北朝时期十分流行的样式，表现的是居于兜率天宫的弥勒菩萨，乃弥勒菩萨未成佛时的形态。早期弥勒像一般都为这种形态。

这铺说法图画面中央，弥勒菩萨交脚而坐，头戴宝冠，上悬华盖。上身披蓝色披巾，交叉于腹前，下着红色大裙，右手施无畏印，左手抚膝。两侧各绘立姿胁侍菩萨1身，头戴宝冠，披天衣，束长裙，头顶饰华盖，与弥勒菩萨的华盖相似。左右各画伎乐飞天5身和一飞步奔驰的力士。伎乐飞天有的上身袒裸，有的着独袖半臂紧身天衣，下身均着长裙，衣裙飘带随风舒展，摆动如羽翼，表现

图62　西千佛洞第9窟　中心柱南向面　龛楣　西魏

出飞动感。有的演奏横笛、风头琴、琵琶、箜篌、腰鼓等乐器，有的捧盘献花供养，凌空飞舞，姿态各异，飘然而至，气氛既热烈又恬静，为弥勒菩萨于兜率天说法的场面增添了欢快的气氛。画面色彩鲜艳协调，画中人物身形秀丽、服饰飘逸、风姿潇洒，体现出秀骨清像的南朝特色，颇具西魏绘画的意蕴。敦煌石窟中同一时期的同类题材作品大多以土红色为底色，而这一幅则是在大面积深绿色的底子上作画，分外清新、雅致，极为少见，这说明西千佛洞在整个敦煌石窟艺术中既有它统一的艺术特征，又有自己独有的风格。

"人"字披图案

窟顶"人"字披脊枋中部残存菱格、莲花纹装饰图案。"人"字披北披仅存有3方较完整的西魏椽间图案（图63）。椽身土红色，其间有"M"形图案，叫"金钉纹"，为仿中国古代宫殿建筑部件纹样。其形竖长，上端齐平，有数道横线，下端为3个长三尖齿形。每椽画3段。这种纹样多年不为人识。陕西凤翔在春秋时期秦宫殿遗址出土了大量铜质的"黄金钉"建筑构件，据考古学家确定，金钉是木构建筑连接加固各部位的金属构件。汉代以后，金钉由建筑构件演变为建筑彩画装饰。敦煌石窟早期洞窟"人"字披圆椽上彩画的纹样与秦宫遗址出土的

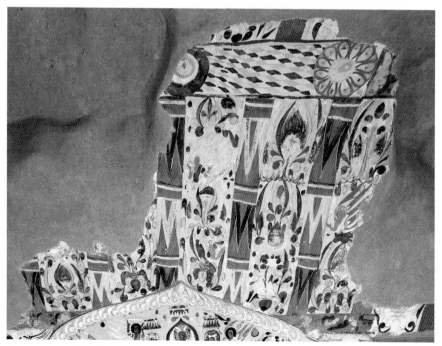

图63　西千佛洞第9窟　"人"字披北披　西魏

金钉极为相似，是目前现存最早的建筑彩画金钉纹。

椽间有的绘以莲花忍冬、摩尼宝珠为单元纹饰，有的在莲花忍冬纹中绘飞天和一对禽鸟图案。飞天上身着独袖半臂紧身天衣，下身着长裙，巾带随风飘扬。北披东侧经隋代补绘，其用色饱满艳丽，构图随意自然，极富装饰效果。

隋代说法图

窟室后部东壁南侧存隋代绘说法图一铺（图64）。画面中，释迦佛结跏趺坐于莲花座上，面相方圆，身披通肩袈裟，双手结说法印，头顶饰华盖，其身后有两棵菩提树。佛左侧弟子手持长柄香炉，右侧弟子双手握一张展开的经卷，嘴唇微启，似念念有词，其后各有一弟子站立面向观者。最外侧为2身胁侍菩萨，比例适中，线描简练，人物造型准确，腰部微弯曲表现了女性的曲线美。华盖两侧各有1身飞天，手捧花盘，体态轻盈，飘带迎风飞舞，增强了画面的动势。

从整体上看，这铺说法图中的人物形象写实生动，构图舒朗有序，色彩清新淡雅，是敦煌石窟隋代出现的一种新画法，也就是画史上所说的"疏体"绘画风格，与敦煌石窟隋代洞窟中另一种细密精致的"密体"画风形成对比。唐代张彦远在《历代名画记》中称："顾、陆之神，不可见其盼际，所谓笔迹周密也；张、吴之妙，笔才一二，像已应焉，离披点画，时见缺落，此所谓笔不周而意周也。"这段话的意思是说：东晋顾恺之和南朝陆探微所画人物笔迹周密，称为"密体"；南朝张僧繇和唐代吴道子笔下的人物笔迹疏朗，称为"疏体"。敦煌壁画每个时代都有鲜明的时代风格，综观全局仍是疏密有别。疏密二体在历代壁画中都存在，不过，在统一的隋代，敦煌石窟疏体与密体画风并行，且区分最为明显。疏体壁画线描精练、造型准确、晕染从简，密体壁画则造型认真、晕染浓郁、敷彩华美、贴金饰彩、色泽鲜丽。人物活动周围有山石林泉、庭院堂阁，描绘细腻，如莫高窟第419、第420窟等窟，都是"细密精致而臻丽"的密体代表窟（图65）。同一时期疏密二体如此泾渭分明地长期并存，在敦煌历代壁画中甚是少见。

此窟的隋代壁画显示了传统的

图64　西千佛洞第9窟　东壁　说法图　隋代

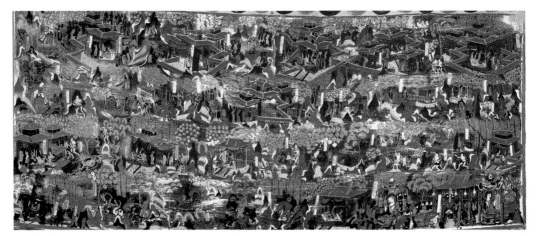

图 65　莫高窟第 419 窟　窟顶"人"字披东披　隋

民族风格，继西魏之后，进一步消化了外来因素，完全摆脱了北魏的粗犷风格，开始形成新的形式，开启了唐代的雍容之风。

施幰牛车

此窟隋代说法图下方分上下两排：上排绘发愿文榜题，南侧存男供养人 6 身，北侧女供养人 6 身（漫漶不清），供养人手持莲蕾，依次从大到小排列；下排南侧绘供养人 3 身及 2 马，北侧绘女供养人 4 身、车夫和侍女各 1 身及供养人牛车 1 架（图 66）。其中，上排由北向南第 2 身供养人像旁残存有"李仙风天宝十三"（754）题记，可能为后来补题。

图 66　西千佛洞第 9 窟　东壁　牛车　隋代

敦煌壁画中最早的牛车图像是乘用的牛车，公元 6 世纪中期的西魏、北周之际开始出现在供养人画中。牛车通常都有顶篷，又称为"栈车"，是皇亲国戚和达官显贵乘坐的高等牛车。为了适应不同等级的乘坐需要，这类栈车的车舆不断增大，内部设施更加舒适，外部装饰也越来越华丽，常常用竹、木、布、绸做的卷棚前后出檐，外加方伞盖形撑架，顶部四周施以帷幔。这种牛车，就是中国历史上颇负盛名的"施幰牛车"。此窟供养人像列中有一辆大轮、双辕、正方形车舆及长方圆弓形顶盖的牛车，车舆四周为全封闭式，属安车型。这辆车的车舆周围及车顶上另设有支架和重顶盖，可能是用以悬挂帷幔，显然供养人级别很高，描绘也十分写实。史籍记载南北朝有施幰牛车，但未见实物或图像，敦煌壁画中出现的大量的通輶牛车是在唐朝中期以后。因此，这幅牛车图像具有一定的史料价值。

白描飞天

洞窟西壁南端残存一西魏浮塑项光，经唐代重绘，项光两侧各有西魏朱墨白描飞天2身（图67），造型简练，线条流畅，比例协调，轻盈飘逸，分别手持长笛、芦笙、琵琶、箜篌等乐器，是西千佛洞壁画的代表作。在飞天的轮廓线下还保存有起稿时打的框线，可以看出身体各部分所占的比例。

白描即白画，也称线描，是国画中的一种绘画技法，指仅用线条勾描物象，

图67　西千佛洞第9窟　主室西壁南端　白描飞天　西魏

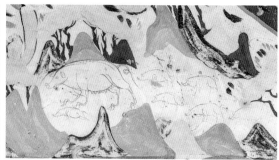

图68 莫高窟第249窟 窟顶北披 白描野 图69 莫高窟第249窟 窟顶北披 白描野猪 西魏
牛 西魏

而不着以颜色，多用绘制人物和花卉。白描起源甚早，据张彦远《历代名画记》载，曹不兴有"一人白画"，卫协有"白画上林苑图"；《寺塔记》载，长安常乐坊赵景公寺有"吴道玄白画地狱变，笔力劲怒"等。敦煌壁画以敷彩为主，除画稿之外白描作品不多，西千佛洞仅此一例。莫高窟第249窟（西魏）覆斗顶北披壁画上狂奔的野牛（图68）和觅食的野猪（图69）等画面，都是敦煌早期壁画中出色的白描动物画。

图70 西千佛洞第9窟 南壁门东 释迦说法图 初唐

敦煌石窟中的早期壁画，绘制时先用土红色线起稿。西千佛洞第9窟西壁南端的这4身白描飞天是一幅未完成的飞天起稿图。从流畅的线条中可以看出当时画工们对飞天形象的熟练，已达到了信手拈来的程度。虽然作品未能完成，但十分难得地将绘画的一个中间过程完整地保存下来，为研究敦煌石窟早期壁画的制作工艺提供了珍贵的实物资料。

释迦说法图

南壁门东侧千佛下部存初唐绘释迦说法图一铺，是西千佛洞现存较为完整的一幅唐代作品（图70）。画面中央，主尊释迦佛结跏坐于莲花座上，神态庄严，身着偏袒右肩式袈裟，右手上举正在说法。佛头顶上方的华盖由缠枝卷草纹组成，满绘卷云叶纹，好似一团彩云。佛两侧各绘一立姿胁侍菩萨，头戴宝冠，身饰璎珞，身披天衣，足下的莲台与佛的莲花座枝蔓相连，上端枝繁叶茂，鲜花盛开，直上云端。佛座之下，有供宝和发愿文榜题一铺，其西侧绘跪姿比丘1身、跟随男供养人4身，东侧绘跪姿女供养人4身。此铺说法图构图严谨、描绘精细、技巧纯熟，表现出唐代的艺术韵味。

说法图西侧壁面边缘处有一方朱墨题记，题写"如意元年"四字，即公元692年，可知此画为初唐作品，绘制于公元692年或更早。"如意"是武则天称帝后的第二个年号，使用时长约半年。天授三年四月丙申朔（692年4月22日），有日食，改元如意，如意元年九月庚子（692年10月23日），改元长寿，结束如意年号使用。

涅槃变

此窟主室北壁沙州回鹘时期绘大型涅槃变一铺，长5.87米、高2.03米（图71）。画面中，佛祖释迦牟尼身着红色通肩袈裟，头枕圆柱形两端绣花枕，右胁而卧，右手放置枕边，眼睛半睁半合，面部神情平静安详，双足相叠，似侧卧休息。

佛头部描绘大弟子迦叶举哀图。迦叶看到恩师释迦牟尼进入涅槃，悲痛不已，嘴巴大张，身体前倾；其身后的弟子将他紧紧抱住，以防他扑倒撞地，形象生动地表现了弟子迦叶在释迦涅槃时哀悼的悲痛心情。佛身边其余11身弟子神态表情各异，有的悲痛号哭，有的暗自神伤，有的面带微笑，生动显示了众弟子对于佛祖涅槃的不同感悟和理解，与佛祖安然而恬静的神态形成鲜明对比。

佛的脚部绘2身乐师、1身舞者及1身抚足者（图72）。抚足者身旁有1身身材较小的侍从，双手捧包裹。佛涅槃时，抚足者本是大弟子迦叶，这里却换成了身着俗装的男子。2身乐师中，1位手持拍板似的乐器，另1位似在吹奏长笛，两

图71　西千佛洞第9窟　主室北壁　涅槃变　沙州回鹘

图 72　西千佛洞第 9 窟　主室北壁　涅槃变（局部）　沙州回鹘

人正在尽兴演奏，并无忧伤悲痛之感。舞者头戴笠帽，右臂扬起，甩动长袖，正在翩翩起舞。有学者研究认为这表现的是外道谤佛的内容。所谓外道是指佛教对其他宗教派别的贬称，经云："诸魔恶人，见佛涅槃，皆大欢喜。"在拘尸那迦城中的六师外道，闻佛涅槃，欢呼跳跃乐不可支。但也有学者认为这表现的是末罗族的最后供养。

末罗族，所居地为佛世时印度十六大国之一的末罗国，其民族信仰佛教，佛涅槃时，由其族抬佛棺木。佛经中说，末罗族人持香及花轮、乐器至娑罗树林，四次移转释迦遗体，四次舞蹈、音乐、花轮、香料礼敬供养，最后又在大迦叶归来荼毗（即火葬）之后，以香水灭火，并以同样的方式礼敬供养成七日。末罗族的供养早见于犍陀罗地区涅槃像中，其形象为拔发或举两手，偶有以刀刭面者，很少有以音乐舞蹈作供养的场面。在汉地，末罗族以音乐舞蹈作礼敬供养首见于云冈石窟第38窟，6身身穿俗装的伎乐各持琵琶、横笛等礼赞释迦涅槃。

整幅涅槃变以土红色为主色调，佛的须、眉用石绿勾描，袈裟饰田相纹。画面下部绘禽鸟4只和2头牛（漫漶），表示牛王等各种动物听闻释迦将涅槃，前来最后一次听佛说法并供养佛。

延伸阅读

半跏思惟坐　左脚下垂于地，右脚横叠于左膝上，左手自然下垂，置于右脚踝上；上身稍前倾，曲右肘，右手五指或食、中二指支撑于右颊下，呈现思惟之状。半跏思惟坐不见于印度，而流行于中国南北朝时期，其意义一是佛为菩萨时思惟众生疾苦的造像，一是弥勒菩萨的思惟像。

善跏趺坐　又称倚坐，是弥勒成佛后说法的姿态。这种姿势即身体端坐于座上，双足自然下垂着地。采取此坐姿的佛像一般都是正面像，仪态端正挺拔，让人不由产生敬畏之感。

第 11 窟

此窟开凿于北周，经隋、唐、回鹘、民国时期重修。洞窟最初由前室、甬道以及主室组成。前室已坍塌。主室窟形比较特殊，类似游牧民族的圆帐，是敦煌石窟中唯一一个帐幕式洞窟（图73）。洞窟主室平面略呈横长方形，窟顶正中作一道横向脊檩，两坡面中部凸出，两头收起，四角转圆，四壁上收下缩，中部外张，不论从哪个角度看它，都仿佛一座少数民族居住的帐篷。这显然是受当时当地游牧部族的影响。

洞窟正壁（北壁）开一圆券形佛龛，龛内佛像经民国时期重修。佛像两侧原塑弟子、菩萨像皆毁，仅存彩绘项光。北壁龛顶上端壁面脱落，龛外彩绘浮塑龛梁，内饰联珠纹一圈，外绘白、红、绿、黑及蓝色斜体条纹装饰。主室窟顶横脊枋绘圆形莲花图案，南披回鹘补绘贤劫千佛，结跏趺坐于莲花座上，头结高圆肉髻，上饰髻珠，面部造型方圆，身着红色袈裟，一身手结说法印，一身手结禅定

图 73　西千佛洞第 11 窟　内景

印，两两相间绘制，四周蔓状莲茎环绕。

　　主室东、西壁上部绘千佛，画面均以红色为底色，千佛中各绘说法图一铺，两铺说法图构图及风格一致。以主室东壁说法图（图74）为例，画面中央绘一坐佛，面部造型方圆，双眼微闭，结跏趺坐于莲花座上，身穿红色通肩袈裟，双手结禅定印，身后绘三周椭圆形背光，头顶上方画一平顶华盖，边饰三角纹垂幔及幡带。主尊两侧各绘一胁侍菩萨，头部扎挽结宝缯，缯带顺双肩下垂，双臂横挽帛带，在腿前形成"U"字形下垂；头戴宝冠，上身着天衣，下身束长裙，双手置于胸前，跣足立于莲座，头部向内偏向主尊，表现出虔诚的皈依姿态。佛、菩萨面部均采用宽笔绘制，鼻部与上眼睑均敷白色，衣纹处采用精细的铁线描。整个画面均以土红色作底，蓝、白、黑、褐等色烘托晕染，为典型的北周风格。

　　主室四壁下部一周为隋代绘的供养人像。北壁佛龛东侧下部绘男供养人，残存3身，身后各绘随从男童2身，均穿圆领黑色袍服，前绘榜题框1方；西侧绘比丘尼2身、女供养人2身，身后各绘随从侍女4身，均漫漶，前绘榜题框1方。西壁下部隋画女供养人24身（图75），人物身姿瘦长、飘逸，上穿广袖袍服，下着裙，腰间系长带下垂，每身前绘榜题框各1方。东壁下部隋画男供养人23身，由

图74　西千佛洞第11窟　东壁　说法图　北周

图 75　西千佛洞第 11 窟　西壁下部　女供养人　隋

北向南，第1至第4身身后绘侍童2身，第5至第10身各绘男童1身。男供养人均头部漫漶，腹部前倾，双手相交于腹前，呈现出人物向前的运动感。

　　这些供养人或穿宽袍大袖长襦，或着窄袖长衫，或长裙曳地，或紧身短衣，完全是一派汉民族人物的装扮。从敦煌壁画看，隋朝前期，妇女的服饰同男服一样沿袭北朝的旧制，仍然流行上襦下裙的单一款式。其主流还是讲究简朴素洁，加之社会崇尚妇女体态以瘦为美，妇女穿着窄袖长裙，胸束飘带，别有风韵。隋朝后期，盛装逐渐进入画面，但远不及中原繁盛，质朴仍然是主流。敦煌壁画中的隋代妇女服饰比南北朝更加讲究突出纤细柔媚的体形和飘逸的风韵，在上襦下裙的基础上，出现了新潮流，大致可分为长裙窄袖型、长裙大袖型、长裙披袍型等三种类型，而这三种类型的服饰在此窟隋代女供养人像中均有描绘，为研究当时妇女的服饰提供了珍贵资料。

第 12 窟

此窟始建于北周，经隋、唐、沙州回鹘、民国时期重修。窟形结构是西千佛洞保存下来的早期洞窟中最完整的"人"字披结合中心塔柱的建筑形制（图76）。中心塔柱南向面（正面）开一圆券形双树龛，以绘塑结合的手法表现。树身用薄泥塑出以代替龛柱，其上用土红色涂染，再以墨线绘出树皮的纹理，使两树展现出写实的风格，而树的枝叶采用了绘画手法。龛内主尊佛像及龛外两侧二菩萨像均为民国时期重修。

"人"字披图案

主室前部"人"字披顶上满绘装饰图案（图77）。脊枋绘水池莲花20朵，莲花水池在佛教中代表净土，水生植物又取以水克火之意，古人迷信，常将水生植物绘于屋顶防火。南、北两披均绘缠枝莲花忍冬纹，椽上绘金钉纹，纹饰以缠

图76　西千佛洞第12窟　窟室内景

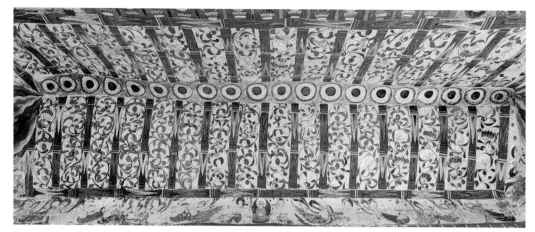

图77　西千佛洞第12窟　主室"人"字披　北周

图78　西千佛洞第12窟　主室"人"字披北披（局部）　北周

图79 莫高窟第430窟 主室"人"字披 北周

枝为骨架，弯弧回旋的缠枝形成一个环形，环内枝头画莲花，缠枝上画莲花与忍冬纹，别具一格。

"人"字披南披橡间的望板绘忍冬莲花鸟兽图案十六格。北披橡间的望板绘忍冬莲花鸟兽图案十七格，其中，由东向西第四格中部画猫头鹰一对，下画双猴；第五格中画双雁，下有双鸟；第六格中画上下二长尾鸟（图78）；第七格中画双雀；第八格中画长尾对鸟；第九格下部孔雀成双；第十格中画并立三鸭，下画一鸟；第十一格下部画一鸟。这些鸟兽栖身于花中，姿态活泼可爱，为庄重肃穆的佛教洞窟平添了几分生气。整体画面设色清丽淡雅，构图婉转舒展，不失为一组富有特色的"人"字披装饰图案。

禽鸟、猫头鹰、猴子这几种动物的形象也出现在莫高窟第430窟窟顶的莲花忍冬猴鸟纹"人"字披中（图79），形态与西千佛洞第12窟"人"字披图案非常相似。通过对比可以看出，西千佛洞在"人"字披图案上既有自己的特点，又与莫高窟有着紧密的联系。

塑像艺术

主室东、西两壁"人"字披下部设像台，台上原塑一佛二菩萨立像。现西壁的一尊仅存立佛双足及一胁侍菩萨的下半身残躯。东壁立佛的左右胁侍菩萨立像已损毁，仅存一足；所幸中间的立佛基本保存完好，为北周时期的原作，仅手臂和面部略有残损（图80）。

此身佛像身体微微前倾，肉髻低平，长方脸，五官集中，细眉小眼，双目下视，头大肩宽，身躯健硕，神态安详，微露笑意，内穿僧祇支，外披红色田相袈裟，跣足立于莲台，浑厚沉着，已向隋代风格转化。立佛身后的墙壁上绘火焰纹重层头光，内绘化佛12身。头光南侧绘飞天1身，下部残存塑像圆形重层项光，外饰火焰纹。头光北侧绘飞天2身，上面1身手捧供盘，下面1身怀抱琵琶。

此像高2.52米，佛前的空间狭小，安放这样的大型塑像很容易造成视觉上的变形。因此，艺术家特意把佛的头部造得较大，上身也稍微拉长，这样从下向上仰视，通过视觉差而平衡。当信徒跪在地面抬头仰视这尊佛像时，感到比例非常协调，没有什么变形的地方，只有通过平面投影图才能看到佛像的身体比例并不准确。

东、西壁"人"字披下方的造像与中心柱正面龛内的坐佛（虽经民国重修，但从中心柱龛内的遗迹推测，北周时塑的也应是一身坐佛），即中心柱前部空间的三铺造像构成一种三佛造像的组合，其布局形式与莫高窟第427窟中心柱前部

图80　西千佛洞第12窟　主　图81　莫高窟第427窟　主室内景　隋
室东壁南端　立佛　北周

空间一佛二菩萨三铺造像（图81）多有相似之处，但略显原始，当为第427窟的前驱。这种中心柱正壁龛内塑坐佛与东、西两壁前部各塑造一立佛形成的"三佛"组合形式，首开敦煌隋唐"三佛"窟之先河。关于这三佛造像，有学者认为是三世佛，是指以现在佛释迦牟尼为中心，表现释迦之前的过去佛迦叶和释迦之后的继承者未来佛弥勒。在莫高窟北魏时期的一些洞窟中，以塑绘结合的形式来表现三世佛这一造像题材的比较多见，说明当时的三世佛信仰比较流行。至隋代时，三佛造像大量出现。

七佛

北壁中上段回鹘绘坐佛七身（图82）。有学者研究认为表现的是"七世佛"，是指现世释迦牟尼佛及其成佛之前悟得正觉的六位佛陀，即毗婆尸佛、尸弃佛、毗舍浮佛、拘留孙佛、拘那含牟尼佛、迦叶佛和释迦牟尼佛。由于七世佛皆已入灭，故又称"过去七佛"。单独表现过去七佛，是依据《长阿含经》和《增一阿含经》绘制的。敦煌尊像画中的过去七佛像最早绘于西魏时，壁画上七佛一字横排，佛结跏趺坐须弥座和莲花座上，着通肩袈裟，作说法印。隋代的过去七佛像均绘于洞窟东壁门上，形象为结跏趺坐禅定相。唐代的过去七佛像，承袭隋代七佛说法像的表现形式，大部分是结跏趺坐像。五代、宋所绘过去七佛像，其位置由窟内移向前室壁门上，为结跏趺坐禅定相。

此窟北壁描绘的七佛有重层头光及背光，色彩均以红色为主，有少量的黑色和绿色，服饰、相貌均相同。坐佛头顶结高圆肉髻，中间饰红色髻珠，面形长圆；眉间有白毫，双眼微睁，鼻梁较直，红色嘴唇。内穿偏衫，外披袒右红色袈裟，结跏趺坐于莲花座上，手结不同手印，具有沙州回鹘时期人物造型的特征。

图82　西千佛洞第12窟　主室北壁　七佛　沙州回鹘

劳度叉斗圣变

主室窟门东侧绘劳度叉斗圣变一铺（图83）。劳度叉斗圣变，又称为"祇园记图"，依据《贤愚经·须达起精舍品》绘制。祇园是祇树给孤独园的简称，它是释迦牟尼去舍卫国说法时与僧徒居留的地方。据统计，释迦牟尼在祇园讲的佛经达300部，因此，祇园是佛教圣地，一直被佛教徒赞颂膜拜。祇树给孤独园精舍的建立以及名称的由来，有一个传奇的故事。传说古印度有个舍卫国，舍卫国大臣须达乐善好施、赈济孤贫，人们都尊称他为"给孤独长者"。一次，大臣须达到王舍城护弥大臣家为儿子提亲时，适逢释迦牟尼佛设道场讲法，须达听后如饮甘霖，茅塞顿开，于是皈依佛门，并发誓在舍卫国建精舍（僧道居住或说法布道的处所），请佛说法，教化众生。释迦牟尼遂派遣弟子舍利弗与须达同往选址建立精舍。须达与舍利弗去城东、城西、城北找遍了，也没有合适的地方，最后发现在城南祇陀太子的花园建精舍最合适。这座花园位置适中，树木葱郁，是一个消夏避暑的好地方。太子不愿给别人，但又碍于老臣的情面，不好推脱，所以就漫天要价，要以黄金铺地来难为须达，让他打消买园的念头。舍利弗暗用神力帮助须达，用大象驮金铺满了方圆80顷的园地。后来祇陀太子被须达的诚心所感动，愿赠祇园之树与须达共建精舍。舍卫国的六师外道听到这件事后，极力反对为佛建精舍，并起奏舍卫国波斯匿王，要求与佛门斗法，说如果沙门获胜，就听任他们建精舍，若沙门失败，六师外道就搬进园子去住。双方相持不下，波斯匿王就下令外道和沙门斗法以决胜负。双方约定七日之后，在城外一决高下。波斯匿王宣布：若代表佛门的舍利弗胜出获胜，举国信佛；若失败，须达、舍利弗当受诛。斗法之日，全国臣民百姓齐集城南广场观斗。外道推劳度叉出面，佛陀派舍利弗应约，双方展开了一场精彩而激烈的斗法。首先，劳度叉变成一座山，

图83　西千佛洞第12窟　主室南壁门东　劳度叉斗圣变　北周

山上有泉石树木，舍利弗化作金刚力士，用金刚杵一指，山即崩毁无存；劳度叉又变成了一头健壮的公牛，怒吼着突奔而来，舍利弗化作狮子，将牛咬倒撕裂吞食；劳度叉又又变成一池清水，四面七宝园池，内生各种莲花，舍利弗化作一头六牙白象，踩踏水池并用鼻子顷刻间吸干了池水；劳度叉又又变成一条毒龙，生有十头，在半空中腾跃，顿时风雨大作、雷电交加，舍利弗便化作一只金翅鸟，腾空而起，穿云破雾，啄其眼睛，将龙撕碎食之；劳度叉又变成夜叉鬼，头上冒着火焰，双眼血红，张口喷火，舍利弗则化作毗沙门天王，用火焚烧夜叉鬼；劳度叉无奈变成一棵大树，花果各异，树荫覆盖会众，舍利弗以神力化作旋风，将大树连根拔起，吹倒在地，碎为灰尘。通过以上六个回合的斗法，六师外道心悦诚服，以斗法失败而皈依佛门。须达如期在祇陀园建起精舍，并与国王、臣民一起迎接世尊到舍卫国说法。佛告阿难："今此园地，须达所买；林树华果，祇陀所有。二人同心，共立精舍，应当与号'太子祇树给孤独园'，名字流布，传示后世。

有关须达购园起精舍的佛教美术作品，最早出现在公元前2世纪印度巴尔胡特塔的石栏浮雕中，内容和构图都很简单，仅表现了须达以黄金铺地购买祇陀太子园的情节，没有舍利弗与劳度叉斗法的内容，为单幅主体式构图。敦煌石窟中现存劳度叉斗圣变20铺，其中莫高窟15铺、榆林窟3铺、西千佛洞1铺、肃北五个庙1铺。此窟中的这铺劳度叉斗圣变是我国现存同类题材中最早的一幅，也是现在所能看到的唯一一幅北朝时期的劳度叉斗圣变。莫高窟初唐第335窟西壁佛龛内的劳度叉斗圣变是莫高窟出现最早的，舍利佛和劳度叉分别绘于龛壁的南北两侧，斗法场面则分别绘于舍利佛、劳度叉四周，首次集全部内容于单一画幅中。敦煌石窟并未发现盛唐和吐蕃统治时期的劳度叉斗圣变。公元848年张议潮起义，结束了吐蕃对敦煌的统治。艺术家用宗教的语言表现这一重大事件和他们的喜悦心情，形成晚唐劳度叉斗圣变勃兴的局面。莫高窟第196窟（晚唐）主室西壁巨幅劳度叉斗圣变（图84），高3.65米、宽9.8米，十分壮观，是敦煌石窟现存19幅同类经变画中面积最大、内容最丰富、绘画技艺最高、保存完好的经变画之一。整个归义军时期，这一题材被描绘、讲唱了近200年，成为莫高窟艺术后期的重要题材。显然，从早期独幅式的简单构图，到莫高窟晚期极度成熟的大型劳度叉斗圣变之间，经过了一个相当长的发展演变过程。而西千佛洞第12窟的这铺劳度叉斗圣变，改变了印度单幅主体式构图的形式，完全按中国传统美术的形式来表现，作横卷连环画的构图形式，是一个重要的过渡形式。

西千佛洞第12窟的这铺劳度叉斗圣变平铺直叙，没有重点和高潮，不同于唐代以斗法作主体，是这一题材的早期形式。整铺经变分上下两排绘制12个情节，部分画面被油烟熏黑污损，难以辨识。每一画面均以人物活动为主体，建筑、山

图84　莫高窟第196窟　主室西壁　劳度叉斗圣变　晚唐

峦、树木等景物描绘，既表现每一情节的特定环境，又是区分不同画面的间隔。每个画面旁有榜题，书写画面的内容，现仅个别几方榜题尚残存墨书遗迹，余皆漫漶不清。

　　这幅壁画以白粉作底，墨线勾勒，色彩清新淡雅，人物造型简赅生动。整体而言，此幅壁画线描色彩、布局构图等技法的运用深受中国传统绘画的影响，呈

图85　西千佛洞第12窟　主室南壁门东　劳度叉斗圣变（局部）北周

现出浓郁的中原绘画风格。画面右侧上部绘几棵垂柳，枝条低垂，随风摇曳，寥寥数笔，显示出画师技艺之高超娴熟。柳树下绘两人，一人着青色服饰，后绘立姿侍从一身，身穿红袍，看似主人和仆人在一个风和日丽的日子漫步郊外（图85）。

　　敦煌石窟北周洞窟内出现劳度叉斗圣变，一方面与北朝石窟的功能有关。北朝重禅修，石窟中的绘塑也以禅观内容为主，释迦的各种事迹就是禅观的重要科目之一。另一方面，这一题材的出现与北周武帝灭佛之前的儒、释、道三教之争有关。北周武帝于建德二年（573）十二月，集群臣、沙门、道士等，"辨释三教先后，以儒教为先，道教为次，佛教为后"，并于建德三年（574）下诏禁断

佛、道二教，是中国历史上继北魏武帝灭 佛后又一次大规模灭佛。灭佛后，虽提倡 会通三教，但仍强调以儒教为正统。而在 灭佛之前，曾进行过长达七八年的三教先 后之争，释、道二家的争斗尤为激烈。第 1 2窟的北周劳度叉斗圣变，可以说是这 一场争斗的反映。

睒子本生故事

此窟南壁门西侧绘睒子本生故事（图86）。本生，梵语作"Jataka"，音译阇多伽。佛教认为，释迦在过去无数世，与众生相同，也处于六道轮回之中。他之能成佛道，是因其在无数轮回之世能坚定信念作舍身救世、施物济人的菩萨行以及坚持修行、精进求法的个人历练，并修满"六度"（即布施、持戒、忍辱、精进、禅定、智慧）的缘故。"本生"就是讲述佛以上事迹的故事。其中有一部分是佛讲述弟子及旁类（动物）过去世的故事，称之为本事，其特点是在故事结尾加"某某即是我也"，因此也归入佛的本生。这些本生故事大量撷入古印度的先贤故事、民间传说、醒世箴言、处世格言、启智寓言，故事性极强，能深深地吸引读者、听众。佛教把这些生动的故事，串以轮回转世的思想，以宣扬佛理，教育世人。

睒子本生故事依据西秦圣坚译《佛说睒子经》绘制，是我国南北朝比较流行的佛教故事画题材之一。其中孝养父母的思想与中国古代儒家伦理观念相吻合，因此得到广泛的流传，甚至与传统的孝子故事混杂在一起，而被编入《孝子传》等一类的图书中。故事讲：过去无数世，迦夷国有一对盲夫妇，欲入山修无上妙法，但年老无子，忧虑入山后生活不能自理而迟迟未成行。慈慧菩萨知道他们的

图86 西千佛洞第12窟 主室南壁门西 睒子本生 北周

心愿，投生其家为子，取名睒子。子至十岁，随父母入山静修正法。睒子与周围的鸟兽和谐相处，每日采果汲溪水专心侍奉父母。一日，迦夷国国王入山射猎，正值睒子披着鹿皮在泉边汲水，国王误以为是猎物，射中睒子。睒子垂危之际向国王诉说自己父母双目失明，一朝无他，命在旦夕，一支箭等于射死三人。国王听后悔恨不已，表示愿在山中侍奉睒子的盲父母一生，以尽睒子之孝。国王来到睒子与父母居住的茅庐，告知睒子的父母射死睒子一事，并把睒子的父母带到泉边。盲父母失去睒子，抚尸大哭，感动天地，释梵四天王从天而降，将神药灌入睒子口中使其复活，并使其父母双眼复明。此后，国王亦更爱国民，惜生戒猎。最后，释迦说："宿命睒子者吾身是也。吾前世仁孝慈善，而今成三界至尊。"

　　这幅睒子本生故事画同样采用横卷连环画构图形式，画面分上下两排布局构图，略呈"Z"字形，但故事情节先后顺序并未严格按照佛经记述。画面从左侧开始，依次绘制了睒子在山中为盲父母结草屋、国王狩猎、睒子河边汲水、国王领盲父母看望被射死的睒子、盲父母抚尸痛哭、天女送药、国王辞别睒子及盲父母返宫等7个情节。虽然部分画面已漫漶不清，但残存的数则壁画榜题，对于我们解读该故事的画面内容提供了重要依据。

　　睒子本生故事在印度和中国都是深受欢迎的题材。印度桑奇大塔（公元前1世纪至公元1世纪初）、犍陀罗艺术（公元1世纪以后）、达鲁玛拉吉卡石刻（藏坦叉始罗博物馆）、珂托石刻（藏白沙瓦博物馆）、斯瓦托石刻（藏伦敦博物馆）等，都有睒子题材。6世纪以后的印度阿旃陀石窟第10窟壁画亦绘有此故事。在中国，除敦煌壁画外，目前所知的还有新疆克孜尔第17窟、麦积山北魏第127窟窟顶、云冈第9窟前室西壁和龙门等石窟均刻绘有此故事。北周、隋代的敦煌石窟中共绘此故事画7幅，分别绘制在莫高窟北周第299、第301、第438、第461窟，西千

图 87　莫高窟第 299 窟　主室窟顶北披　睒子本生（局部）北周

佛洞北周第12窟以及莫高窟隋代第302、第417窟中。敦煌石窟中的睒子本生故事画，以莫高窟北周第299窟最佳，色彩艳丽，图像清晰，情节完整（图87）。

　　敦煌壁画七铺睒子本生故事画中有五铺都是北周时期的作品，可见为北周时期的流行题材，究其原因，应与北周时期崇尚儒教、宣扬孝养父母的思想有关。北朝时期鲜卑族政权自建立多年以来，为巩固其统治地位，采取了一系列汉化政策。北周武帝时期更加推崇中原文化，崇尚儒家。北周武帝在三教的排序上，首推儒家，次道家，其次佛教，主要原因是他认为"礼仪忠孝、于世有宜"，父母恩重而沙门不孝，国法难容，并强制沙门还俗回家孝敬父母。睒子本生故事之所以在这一时期较多出现，是佛教为了协调与本土统治者的关系，争取广大民众的支持，就从佛经中选择具有忠君孝道内容的故事，绘制、镌刻在佛教石窟中，大力宣扬，借此证明佛教也是主张忠君孝道的。佛经中，有关睒子的故事显然最具忠君孝道思想，故事表现了三种思想：其一，孝亲思想。睒子在深山中采果汲水，孝养盲父盲母20余年。其二，忠君思想。国王狩猎，误中睒子，但睒子在临终前，并不怨恨国王，只要求国王关照供养自己的父母。其三，仁爱思想。国王误射睒子，自责其罪，亲自到盲父母草庐前忏悔谢罪，并遵照睒子遗愿，把二位老人供养终身。

　　此窟睒子本生故事画的绘画风格和表现手法与窟门东侧的劳度叉斗圣变基本一致，以白粉作底，墨线勾勒，画面情节之间以山峦树木为界，人物造型简洁生动，色彩清淡雅丽，同样为西千佛洞北周时期最主要的代表作品。

第 15 窟

此窟开凿于隋代，经唐、回鹘时期重修。主室平面呈方形，为覆斗形顶殿堂窟（图88）。正壁（北壁）开一圆券龛，龛口略方，作内外两层。龛内残存一身佛像，经唐代重修，坐于须弥座上。塑像左右绘佛弟子，内层龛外两侧绿、白相间绘制菩提树。外层佛龛东、西像台上塑像皆毁，其两侧绘菩萨像。窟顶及四壁壁画为回鹘时期重绘，壁画有明显叠压痕迹。

团龙莲花纹藻井

主室窟顶藻井中央回鹘画团龙莲花纹图案（图89）。藻井中央的团龙为兽头，双角，长吻，下唇有须，背有鳍，肘生毛翼，三爪趾，盘卷于平瓣莲花纹之中，长尾和前爪相接，组成圆环形，龙头在圆环中心。方井外围边饰绘联珠纹、半对半团花纹和垂幔，四披绘团花纹，色调清淡雅致。

龙，是中国古代传说中的神异动物，是中华民族的象征之一，它在中华民族古老的文明中留下了神秘而威严的形象。相传龙能飞行，擅变化，会呼风唤雨

图88　西千佛洞第15窟　窟室内景

等，与凤凰、麒麟等并列为祥瑞。早在五千年前，中国人民就创造了龙的形象，之后不断发展演变，到汉代基本定型，并雕绘于建筑及器物上。与此同时，龙开始演变为象征天子地位的神圣和至高无上的皇权，《史记》中记载汉高祖刘邦是蛟龙之子，有"龙颜"之相。

五代寺院盛行画龙，相传四明山僧人传古大师是画龙名家，北宋郭若虚《图画见闻志》中赞曰："画龙唯五代四明僧传古大师，其名最著。" 敦煌五代时期的洞窟前室正壁门两侧绘制有不少"龙王礼佛图"，即是寺院盛行画龙风气的表现。

关于敦煌图案中的龙纹，自北朝起已有塑绘，如佛龛两侧浮塑龙首龛梁，窟顶平棋图案中绘龙纹边饰，隋代392窟绘双龙莲花藻井。这些龙形象多作为佛陀之护法出现在洞窟装饰中。敦煌石窟中，团龙藻井图案首次出现在莫高窟中唐第369窟，在唐代洞窟中仅此一例，在以后的百余年间未见有绘饰。虽然只是一例，由此可以推想，中原已有团龙藻井实物，而敦煌石窟中唐时期的团龙藻井应是仿自中原。

有学者研究认为，敦煌石窟五代、宋时期的洞窟中绘饰团龙藻井图案是皇权思想的象征。五代时期，政治动荡，强藩割据，中原地区战乱不断，朝代更迭频繁。五代、北宋时，沙洲（敦煌）由曹氏归义军政权统治，敦煌地区相对稳定。曹氏归义军政权统治瓜沙地区120余年，虽奉中原王朝为正朔，但实际上与独立政权无异。此时在他们出资修建的洞窟内绘团龙藻井，以他们的权力比附皇权也就不足为怪了。曹氏归义军之后的沙州回鹘与西夏时期的洞窟中出现类似的团龙藻井图案，应是曹氏归义军时期图案的延续。

图89　西千佛洞第15窟　主室窟顶藻井　沙州回鹘　图90　莫高窟第369窟　主室窟顶藻井中唐

东、西壁说法图

此窟东、西两壁各绘大型说法图一铺。东壁说法图中（图91），主尊佛结跏趺坐于仰莲座上，结高圆肉髻，面形方圆，双眼微闭，身着袒右袈裟，双手结说法印。主尊内侧绘弟子迦叶与阿难。南侧迦叶额部隆起，双眉紧蹙，内穿交领式僧祇支，外披袈裟，双手合十。北侧弟子阿难面形圆润，面朝身旁的菩萨，双手合十。外两侧菩萨挽高髻，戴花冠，面形圆润，双眼细长，唇部有蝌蚪纹髭须，胸前戴璎珞，肩披帛带，绕臂一圈，呈"S"形下垂。

西壁说法图中（图92），佛双手结禅定印，内穿偏衫，外披袒右袈裟，头光、身光及面部与东壁相同。内侧北边绘迦叶，相貌消瘦，双眉紧蹙，耳郭较宽，耳垂部有耳洞，外披红色袈裟。与此相对的阿难，面部造型圆润，眼睛微睁，高鼻梁，嘴唇较小；内穿交领式僧祇支，外披红色袈裟，双手合十，悉心听法。外两侧各绘供养人菩萨一身，头戴宝冠，肩披天衣，身饰璎珞，面庞圆润，

图91　西千佛洞第15窟　主室东壁　说法图　沙州回鹘

图 92　西千佛洞第 15 窟　主室西壁　说法图　沙州回鹘

眉清目秀，凝神听法。北侧菩萨双手结合十印；南侧菩萨左手于胸前捻指，右手下垂提披帛。沙州回鹘壁画中的人物形象，脱离了北宋旧式，显现出全新的特点；其体态健硕，面部造型圆润，两颊丰肥，柳眉细眼，同新疆吐鲁番柏孜克里克石窟高昌回鹘时期的佛教人物画颇为相似。

药师佛

　　此窟南壁窟门东、西两侧回鹘画药师佛各一身。门西侧的药师佛（图 93）头顶饰华盖，边缘绘饰一圈莲瓣，两端饰火焰宝珠，下垂垂幔及网幔，两端饰幡带。这种华盖样式具有回鹘佛教艺术特征，在敦煌石窟回鹘重修洞窟中较为常见。药师佛有双重圆形头光，头部结矮圆肉髻，面相丰润，面部造型略长，曲眉上扬，双眼细长，鼻梁高直，神情庄静，法相慈和。内穿偏衫，外披袒右田相袈裟，足踩莲花。右手握持锡杖斜靠肩上，左手托一药钵，钵内盛满药丸。造型具

图93 西千佛洞第15窟 南壁门西 药师佛 沙州回鹘

功德。

有明显的沙州回鹘时期的艺术特征。窟门东侧药师佛与西侧绘制基本相同。

药师经轨中并无药师锡杖的记载，执锡杖药师佛最早出现在莫高窟初唐第322窟东壁门南的药师三尊像内，药师执锡杖、托钵后成为一种定式。锡杖为有环的长杖，因摇动时诸环锡锡作响而得名，梵文意为"鸣声"。锡杖实为佛教徒的日常器具。后汉安世高译《大比丘三千威仪》说锡杖有排除路上动物、年老体弱者倚恃、护身等三个作用。姚秦佛陀耶舍、竺佛念等共译的《四分律》卷五十二云："诸比丘道行，见蛇、蝎、蜈蚣、百足，未离欲之比丘见之皆怖，白佛。佛言：'听捉锡杖摇动，若筒盛碎石摇令作声，若摇破竹作声。"义净译《根本婆多部律》卷十云："往俗家者，其乞食人，应执锡杖，摇动作声，方入人舍。"上述这些资料反映了锡杖的原始意义，就是这样一件普通用具，后来被赋予了种种象征意义。如千手千眼观音有一千只手，其中有一手执锡杖；更有一部《赐杖经》，认为锡杖有十二环，象征佛教的十二因缘；日本《得道梯登锡杖偈》也盛赞锡杖的种种

第 16 窟

此窟开凿于晚唐（848—907），经五代、宋、回鹘、民国时期重修（图94）。洞窟由前室、甬道、主室三部分组成。前室南壁大部已坍塌，东、西、北壁壁画已漫漶不清，主要重绘于五代、沙州回鹘及宋代。甬道和主室保存较为完整，壁画多为沙州回鹘时期重绘。主室为覆斗顶殿堂式洞窟，北壁（正壁）设一长方形佛床，上有民国塑坐佛一身、乘狮文殊菩萨一身、乘象普贤菩萨一身，皆为粗泥胎未上色。东、西壁南侧沙州回鹘时期各绘说法图一铺。

回鹘供养人

此窟甬道西壁绘沙州回鹘可汗供养人像（图95）。画面中，沙州回鹘可汗身形高大，面部圆润，眼睛细长，头戴莲瓣形尖顶高冠，冠以绶带系于颏下，身着

图94　西千佛洞第16窟　内景

圆领窄袖团龙纹锦袍，立于方毯上。头顶绘伞盖，双手捧供盘，盘中宝物放出扇形光芒。身后的四名侍从，均头戴小冠，身着圆领窄袖长袍。其中一名侍从手合十随侍供养，其他三名侍从分别手持华盖、弓箭、金瓜杖等仪卫器物。可汗像北侧边缘存榜题一方，内有张大千1942年考察西千佛洞时的墨书题记："此宋初回鹘可汗供养像。壬午十一月十六日蜀人张□（爰）同门人德阳萧建初、朱方刘力上、六佺比德、十儿巡佛来临。"壬午十一月十六日为1942年12月23日。北端下部绘女供养人两身，身穿对襟长袍，面部漫漶，双手合十置于胸前。南下角绘男供养人两身，一大一小，小儿身着红袍。

甬道东壁绘回鹘王妃供养人像（图96），身着大翻领窄袖长袍，翻领上描绘精美的花草纹锦绣纹样，裙裾曳地，此为史书上所说的回鹘妇女常服"通裙大襦"。王妃头戴桃形冠，镶嵌绿色宝珠，饰簪钗、步摇，佩戴十分罕见的迦陵频伽耳环，左手小拇指戴戒指，双手捧莲花纹饰供盘，盘中有摩尼宝珠两颗、珊瑚及宝瓶等，立于方毯上，虔诚礼佛。北侧存榜题一方，内无文字。王妃身后有一身女供养人像，头饰步摇，佩戴耳环，身着翻领窄袖袍服，双手持花枝供养。

此窟主室南壁门西侧绘高僧与回鹘王子像（图97）。高僧面部已氧化变黑，

图95　西千佛洞第16窟　甬道西壁　回鹘可汗及侍从　沙州回鹘

内穿偏衫，外披袒右式袈裟，左肩搭红色绶带一条，手执长柄香炉，香炉上有丝缕青烟，双足立于长方毯上。高僧前方绘有红框白底榜题框一方，内无文字留存。高僧西侧绘回鹘王子一身，头戴莲瓣形尖顶高冠，以绶带系于颏下，身穿红色圆领窄袖团花锦袍，双手置于胸前持花枝供养，脚穿长腰靴，立于花毯之上。腰间系蹀躞带，带上挂"七事"，即算袋、刀子、砺石、契苾真、哕厥、针筒、火石等七件物品，俗称"蹀躞七事"。蹀躞带是北方游牧民族的传统服饰，是一种功能型腰带，具有很强的收纳功能，上面悬挂的均是常用的生活用品，材质多为皮质与金属。在敦煌的回鹘可汗和王子像中，多绘"蹀躞七事"。

据学者研究，敦煌石窟中现存沙州回鹘时期修建的洞窟23个，其中有13个洞窟绘有回鹘供养人像，绘有回鹘可汗、王妃、王子供养像的洞窟有6个。回鹘可汗和王妃的供养像多绘在洞窟甬道的两壁，这是唐、五代以来绘窟主和窟主成员供养画像的位置。此窟甬道东、西壁描绘的回鹘可汗和王妃供养人像与莫高窟第409窟东壁门两侧所绘的回鹘可汗及王妃供养人像（图98、图99），从人物造型、衣冠服饰及其侍从等方面十分相似。这些供养人形象，为我们了解当时回鹘民族的服饰提供了具体的形象资料。

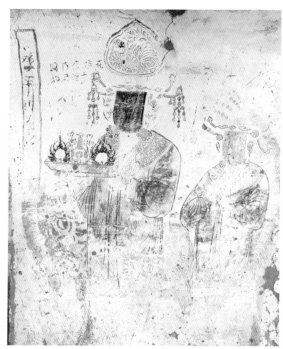

图 96　西千佛洞第 16 窟　甬道东壁　回鹘王妃供养人像　沙州回鹘

图 97　西千佛洞第 16 窟　主室南壁门西　高僧与回鹘王子像　沙州回鹘

图 99　莫高窟第 409 窟　东壁门南　回鹘可汗礼佛
供养像

图 98　莫高窟第 409 窟　东壁门北　回鹘王妃
礼佛供养像

说法图

　　主室东、西壁南侧绘制的说法图保存完整。东壁南侧说法图中（图100），
主尊结高圆肉髻，中间饰红色髻珠，面相方圆，双眉弯曲，双眼细长，鼻梁高
直，双唇边绘蝌蚪纹髭须。内穿偏衫，外披袒右田相袈裟，胸口绘火焰纹饰。左
手掌心托火焰宝珠置于腹前，右手结说法印置于前胸，结跏趺坐于须弥座上。主
尊内侧绘佛弟子阿难和迦叶，双手合十礼佛。外两侧绘菩萨，服饰、相貌基本相
似，头戴三髻珠宝冠，戴圆环耳环、项圈，身饰璎珞、臂钏、腕钏，身披披帛，
下着长裙，跣足立于莲台。北侧菩萨右手持莲苞，南侧菩萨左手持净瓶，右手置
于胸前执柳枝。佛头光两侧各绘飞天一身，北侧飞天漫漶，南侧飞天身形短粗，
衣着简洁，面相丰肥圆润，左手托花盘，右手作散花状，神态敦厚质朴且富有灵
气，是回鹘时期具有代表性的飞天造型。

　　西壁南侧说法图（图101），主尊佛身披红色袒右田相袈裟，双手结禅定
印，结跏趺坐于须弥座上。两侧各绘一弟子、一胁侍菩萨。南侧弟子身着田相袈
裟，双手合十，面北而立；菩萨戴宝冠、耳环、臂钏，身披披帛，下着长裙，跣足

图 100　西千佛洞第 16 窟　主室东壁南侧　说法图　沙州回鹘

图 101　西千佛洞第 16 窟　主室西壁南侧　说法图　沙州回鹘

立于莲台。北侧弟子身着田相袈裟，双手合十，面南而立；菩萨戴宝冠、耳坠、臂钏、腕钏，身披披肩，下着长裙，左手持柳枝，右手提净瓶，跣足立于莲台。

这两铺说法图为沙州回鹘时期说法图的代表作。画面中无论佛、菩萨或是弟子、飞天等的衣着服饰均以铁红色为主，间以石绿和淡蓝二色涂绘，人物面部和形体的轮廓、头光等皆以比较粗放的土红线勾勒，既鲜明又朴实，充分显示了回鹘绘画的特色。风格上既上承五代和北宋的遗韵，又展示出西北游牧民族彪悍勇健、爽朗奔放的性格特征。尤其东壁南侧的说法图描绘精细，以纤细有力的铁线勾人物，以劲挺的折芦描勾衣冠，用笔畅达，如行云流水。

延伸阅读

迦陵频伽　佛教传说中的一种神鸟。据传其声音美妙动听，婉转如歌，胜于常鸟，佛经中又名好声鸟、美音鸟、妙声鸟。据《大般若波罗蜜多经》《新华严经》等佛经，此鸟产自印度，本出自雪山，在山谷旷野里较多。色黑似雀，羽毛甚美，喙呈赤色。它们在卵壳中即能鸣叫，音声清婉，和雅微妙，为天、人、紧那罗、一切鸟声所不能及。它在印度时是鸟的形状，吠陀文献里说是麻雀，佛教文献里说是布谷鸟。传到中国之后，其形象变成了人首鸟身，即上半身为人，下半身为鸟，头部是童子或者菩萨形象。自迦陵频伽人首鸟身的形象固定以后，在隋唐时期敦煌石窟的净土类经变画中都有出现，尤其集中于观无量寿经变和药师经变中。

第 18 窟

此窟开凿于中唐（781—848），是西千佛洞保存最完整的中唐时期洞窟（图102）。

中唐时期敦煌为吐蕃占据，亦称吐蕃统治时期。公元629年，松赞干布统一了青藏高原，建立了统一的吐蕃政权。公元641年，唐太宗以文成公主嫁给松赞干布，唐蕃一直保持友好关系。然而松赞干布以后的赞普不断加强军备，逐渐向四川南部及西域、河陇地区扩张势力。公元755年，安禄山在河北发动叛乱，唐朝政府被迫调动包括敦煌在内的河西、陇右以及安西、北庭等西北各地精锐部队入援，河西守备空虚，吐蕃乘机向唐发动大规模攻势，迅速占领了陇右地区，切断了河西与中原的联系。沙州守备军虽奋力抵抗，在坚持11年以后即建中二年（781），终因寡不敌众，全部为吐蕃所占领。自此，敦煌进入吐蕃管辖时期。吐蕃统治敦煌67年，尽管在敦煌实行落后的部落制度，然而由于吐蕃统治者崇信佛教，故而此时敦煌艺术仍承袭汉唐传统并得到继续发展。

图 102　西千佛洞第18窟　窟室内景

盝顶帐形龛

此窟为覆斗顶殿堂式洞窟，北壁（正壁）开一盝顶帐形龛，此种龛式在敦煌石窟中始于盛唐，为中晚唐时期典型的佛龛形式（图103）。盝顶是中国古代传统建筑的一种屋顶样式。四坡屋顶下为斜坡，上为平顶，平顶与四面斜坡相交处各有一条水平脊，整座屋顶由四条水平脊和四条戗脊组成，颇似一个倒置的斗。"盝"是古代一种小型匣子，顶盖与盝体相连，呈方形，盖顶四周下斜。盝顶与其形似，故名。

龛顶壁画已大面积剥落，残存部分绘制精美的团花图案。北披和东披各存立佛五身，下部绘边饰及垂幔。北壁浮塑佛背光，上绘莲花卷草火焰纹。龛内三壁绘屏风画，下设马蹄形佛床，佛床上的塑像已全部损毁。佛床，亦称佛坛、中心坛、须弥座，石窟中部或佛龛中塑像下的台座，其平面多作"凹"字形，最早见于莫高窟初唐第205窟，晚唐、五代、宋代大型洞窟中均有。

覆斗顶窟与盝顶帐形龛都是对古代"斗帐"的模仿。汉代刘熙《释名》："帐，张也，张施于床上也。"又："小帐日斗，形如覆斗也。"这种小帐的平面多是方形，也有长方形，以覆斗顶最普遍。小帐一般放置在室内，它并非平民所用，一般只有身份地位较高的王公贵族才使用。《西京杂记》载："西汉

图103　西千佛洞第18窟　主室北壁　盝顶帐形龛　中唐

时，上以琉璃珠明月夜光杂错天下珍宝为甲帐，其次为乙帐。甲以居神，乙以自居。"可见早在西汉时就已将神像供于帐内了。佛教传入中土，很快也采用帐来供佛像，称为佛帐。云冈、龙门、响堂山等石窟中就出现了模仿这种帐形的佛龛。隋唐时，寺院佛殿中开始普遍安置佛帐。盛唐时，盝顶帐形龛已经逐渐盛行于覆斗顶洞窟中，两者的组合体现出一种全新的建筑意匠。如果把盝顶帐形龛看作佛殿中佛帐的对应物，那么整个覆斗顶洞窟就可以看作一座佛殿。从这个角度看，覆斗顶窟中出现盝顶帐形龛，意味着它不像过去那样作为整座寺院的缩影，而是对寺院中带有佛帐的佛殿的协同模仿。

观音经变

此窟北壁盝顶帐形龛内，东、西、北三壁以屏风画的形式描绘观音经变（图104）。

屏风是古人生活中不可缺少的器具，在古家具史上占有重要的地位。汉代刘熙《释名·释床帐》谓："屏风，言可以屏障风也。"就是说屏风有挡风、遮蔽、隔间的功用。以后随着工艺的进步，屏风逐渐由原来的实用品演进为实用性和装饰性结合的工艺品，成为古人居室内具有观赏性的陈设家具。随着寺院经济的发展，佛教艺术进一步世俗化，屏风便被引进佛教石窟。敦煌石窟中的屏风画是敦煌石窟艺术的一个重要组成部分，最初出现在盛唐窟内，中唐时期得到迅速发展，晚唐时进入鼎盛时期，五代以后则逐渐衰落。屏风画表现了丰富的佛教故事题材，其中含有大量反映社会生活场景的画面，充分体现了当时佛教艺术世俗化、本土化的特点。

观世音菩萨是佛教中大慈大悲、救苦救难的大菩萨。其誓愿普度众生，得到人们广泛信仰，古代遂有"家家弥陀佛，户户观世音"之说。在历代佛教造像中，观音菩萨造像构成一类主要的题材与内容，并最终成为人们信仰的主体，以至于观音信仰与形象发展到唐宋以后，成了中国老百姓佛教信仰的主要对象，远远超过了释迦牟尼佛。

佛教经典中对观音菩萨的记载集大成者，见于《妙法莲华经》，其中的"观世音菩萨普门品"是《妙法莲华经》的第二十五品，集中记录了诸多观世音菩萨大慈大悲、救苦示现的事迹。观音经变，又称观世音菩萨普门品变，是根据"观世音菩萨普门品"而绘制的，也就是说"观音经变"原本是法华经变中的一品，是和法华经变中的"观音普门品"与单独的"观音普门品变"相似的，主要的区别在于：一是作为法华经变中的一部分而出现的；另一则是独立出现，并在经变画的中心位置出现了观音的说法像，形成了以表现观音为主题的经变。

图104　西千佛洞第18窟　北壁龛内东壁　观音经变（局部）　中唐

按照佛教的说法，当人们遇到灾难时，只要诵念观音名号，菩萨则"即时观其声音"，寻声前往拯救，使众生离苦脱难，并且能够根据众生的要求，现三十三身为众生说法。这些屏风画的内容主要表现的是观音菩萨"有求必应""救诸苦难""三十三现身"情节，均反映的是人们日常生活中最为多见的困难与最现实的问题，因此观音信仰从一出现就十分流行，因为它符合人们的最普遍的精神与心理需求。

随着佛教在中国的传播，观音的形象和内容得以广泛流传，并迅速发展。在敦煌石窟中也绘制和塑造了大量的观音形象。《法华经》中的"观世音菩萨普门品"和独立的《观音经变》共29铺，其中绢画7幅、纸画5卷，绘制时间起于隋代，盛于唐、五代、宋，下迄西夏，历时600余年。这些资料对于研究佛教艺术与观音信仰等问题有重要的意义。

此窟盝顶帐形龛内屏风的画面包括了观音救雷雹、牢狱、坠崖等难，其旁还附有榜题文字进行说明。由于这些苦难常常与现实生活息息相关，因此这些画面都是当时社会情况的真实反映，保存了重要的形象资料。值得注意的是，龛内东壁中间屏风画中还出现了一位头缠红巾、身穿翻领长袍的吐蕃人形象，反映了此画绘于吐蕃占领敦煌时期的时代特色。

交杵莲花藻井图案

此窟主室平面呈正方形，窟顶是覆斗形，藻井井心为八瓣莲花，花蕊绘交杵纹样（图105）。井心外围绘多层边饰，依次为云头纹、半团花、菱格纹、小花、联珠纹、祥云纹、茶花卷草纹和垂角、流苏、帷幔。

交杵，又称羯摩杵，为金刚杵的一种。金刚杵是佛教的法器，原系古印度的一种兵器，后演变成为印度教雨神因陀罗的象征，在密教中表示坚利之智，具有斩断烦恼、降伏恶魔的神力，又是大日如来金刚智的象征，在密教中有极其重要的地位。交杵出现在主室顶部最重要的中心位置，代表大日如来金刚智占据了中心位置，证明密教的地位更加显要、尊贵。

交杵是由四个带有莲花座的金刚杵组成，四个金刚杵的杵头从中心点向四大方位散射，象征着绝对的定力。《藏传佛教象征符号与器物图解》一书中称："在对须弥山进行宇宙学的描述中，巨大的十字金刚杵承托着物质宇宙或横在其下面。同样，在描述坛城时，巨大的十字金刚杵是坛城宫不可撼动的支撑物或地基……水平十字金刚杵则代表神灵之坛城宫所在的金刚地具有不可摧毁的稳定性。"交杵也可表示时间和空间上无限的延展性，因为它是由两支金刚杵呈90度交叉而成。竖的一支金刚杵，表体性之竖穷三际，历过去、现在、未来，永恒不变；横的一支金刚杵，表体性之横遍十方，遍满法界，无所不在。藻井画交杵，既是一种装饰图案，又具佛理意义。敦煌石窟中，交杵图案主要绘于中唐至西夏各代，现存有此类藻井图案者10余窟，其中，莫高窟中唐第361窟的藻井图案为佳作（图106）。

图105　西千佛洞第18窟　主室窟顶藻井　中唐　　图106　莫高窟第361窟　主室窟顶藻井　中唐

图107 西千佛洞第18窟 主室窟顶南披 说法图 中唐

说法图

此窟窟顶南披中央保存有一铺非常完整的说法图（图107）。画面中，释迦佛结跏趺坐于蓝色莲花宝座之上，神情庄严肃穆，头顶饰菩提宝盖，身着红色右袒袈裟，右手作说法印正在说法。佛前有一供案，上供香炉、净水瓶。供案两侧各有一身供养菩萨胡跪供养。从佛座莲花中生出枝蔓，千佛端坐其上，结禅定印。佛的背光是水波折纹样，无论图案的设计、色彩的晕染都颇具匠心；它以虚实对比、动静结合的绘制手法表现了佛内心的超脱与宁静，而佛的背光犹如五彩的光波在流动、旋转。在敦煌石窟中，水波折纹样始于盛唐末，流行于中晚唐。

画工在处理这尊佛像敷色时，仅用简练流畅而富于造型的线条勾勒出人物形体，用少量肉红色在能体现形体凹凸效果的适当部位加以晕染，使整个人物造型更显得圆润丰腴，色彩完好如新，未氧化变色，尤为难得。整幅画面设色明丽、清新淡雅，不失为西千佛洞中唐时期壁画艺术的代表作。

观无量寿经变

此窟西壁通壁为依据《观无量寿佛经》绘制的观无量寿经变（图108）。观无量寿经变是敦煌壁画最重要的经变之一，就数量而言，共计89铺，仅次于药师经变和弥勒经变。

无量寿佛即阿弥陀佛。崇奉阿弥陀佛的经典主要包括《阿弥陀经》《观无量寿经》《无量寿佛经》，也称为"净土三经"。根据这三部经绘制的经变，主要描绘了阿弥陀佛所在的西方净土世界，所以都可以称为西方净土变，但在壁画中，这三种经变也有很多细微的区别。《观无量寿经》是叙说如何观想阿弥陀佛极乐世界，以求往生的经典。根据佛经，西方极乐世界中没有痛苦，只有快乐，人民丰衣足食，所需物品皆能满足，无劳作之苦。信徒在临终时只需口念阿弥陀

图 108　西千佛洞第 18 窟　西壁　观无量寿经变　中唐

佛名号，便可往生西方极乐世界。正是修行方式的简单化，使得阿弥陀佛信仰深入人心。唐代时，净土信仰流行全国，在敦煌石窟中绘制了大量的西方净土变。

　　这铺观无量寿经变采用三联式构图，即中间大部分空间表现西方极乐世界，两侧以条幅的形式描绘"未生怨"故事和"十六观"，以通壁的形式组成一铺完整的大型经变画。佛经中讲，这个世界有"七宝池、八功德水""池底以金沙布地，四边道阶，金银琉璃玻璃合成，上有楼阁，亦以金银琉璃玻璃砗磲赤珠玛瑙而严饰之"。画工据此描述，精心布局，以雕栏平台天宫水池为活动环境，以无量寿佛为中心，将佛国世界的种种欢乐景象生动地展现在人们面前。

　　这铺经变画按水平线分为三部分。上部象征天空，描绘琵琶、横笛等各种"不鼓自鸣"的乐器及乘坐祥云前来赴会听法的佛六身。这些乐器飘然空中，均系有随风飘扬的彩带，无需人演奏，乐器自会鸣奏。不鼓自鸣，是敦煌壁画中表现音乐的一种构图形式，也寓意着极乐世界里处处有音乐的美好景象。

　　画面的中心主体绘于中部。画面中间是一汪绿波浩渺的七宝池，八功德水充满其中，碧波荡漾，莲花浮水。宝池中有一座大平台，主尊无量寿佛结跏趺坐于莲花宝座上讲经说法，观世音菩萨和大势至菩萨作为两大胁侍菩萨分列两侧，周围环绕着听法的圣众。经变正中上方有两座巍峨的大殿，前后排列，两侧各置二层配殿，以回廊与中部后殿相接。回廊转角处，顶部置角楼。中部大殿为建筑主体，画成仰视，显得高大；两侧配殿低于大殿，画成俯视，利于表现广阔；后部楼阁则取平视角度，显得深远。这种画法虽不尽符合科学的透视法，但由于同时采用了仰视、平视、俯视不同角度，从而使视线大致集中在中轴线偏上的部位，略有焦点透视的效果，使图中的殿堂、楼阁、亭台错落有致、井然有序，形成一个宏大的建筑群。敦煌石窟净土变中画出了许多完整组群形式出现的建筑群，据研究，多数被认为是隋唐佛寺的真实反映，是研究我国古代建筑的形象图样和宝贵资料。

经变画的下部绘一组大型的舞乐图（图109）。平台中央有一舞伎，肩挂腰鼓，倾身向右，双臂伸开，正欲拍击挂在腰间的腰鼓；右腿曲盘，脚拇指用力蹺起，似乎正集中全身的力气击鼓。腰鼓是西域乐器，故壁画中的腰鼓舞多刚健有力，带有西域舞风。不同的是：唐代西域多穿靴而舞，而壁画中的舞者皆赤足而舞，反映出佛教艺术与现实生活的差异。舞伎两侧各有9身伎乐，分别演奏芦笙、排箫、方响、筚篥、横笛、箜篌、拍板、琵琶、古筝、阮、竖笛、羯鼓等乐器。整个画面呈现出极乐世界祥和安乐、歌舞升平的景象。乐舞场面是净土变中

图 109　西千佛洞第 18 窟　西壁　舞乐图　中唐

的重要内容，为表现极乐世界的美妙生活，通常都在佛说法的时候描绘音乐舞蹈的场面。这样颇具规模的音乐演奏场面，反映了唐代宫廷音乐的盛况，是研究唐代音乐、舞蹈艺术的直观图像资料。

舞者上方绘一迦陵频伽伎乐（图110），头部、双手及上半身均为菩萨装，双手于头后反弹琵琶，形似仙鹤，彩色羽毛，双翅展开，双腿立于海石榴上，作反弹琵琶、振翅欲飞之状，形象描绘十分生动。

反弹琵琶是敦煌石窟艺术中最优美的舞姿。在敦煌壁画中共有49身反弹琵琶的伎乐天形象，其中仅有7身为迦陵频伽反弹琵琶伎乐，因而显得较为珍贵。敦煌石窟中最经典的反弹琵琶伎乐天形象出自莫高窟中唐第112窟观无量寿经变中的舞乐图（图111）。平台上6身伎乐呈"八"字形分坐左右，在乐队的中间，一伎乐合着音乐翩翩起舞。舞者屈身抬足，将琵琶举至身后，左手上举，右手弯曲作弹拨状，舞姿矫健优美，人们习惯地称之为"反弹琵琶"。

在净土图的左右两侧以条幅的形式对称画出"未生怨"和"十六观"的故事情节。"未生怨"讲述的是一个因果报应故事：王舍城的国王频婆娑罗年老无子，盼子心切，便请相师算命。相师告诉他，山中有一道人，死后当来投胎。国王心中急切，派人到山中断绝了道人的水源，使道人饥渴而死。可是仍未见有子。国王又问相师，相师说：道人投生的时候未到，已化为白兔，在山中生活，只等白兔寿终，就来投胎。国王又派人到树林中围捕白兔，用铁钉钉死。不久，王后果然有孕，生下一子名阿阇世，国王和王后对儿子极度宠爱。阿阇世长大后，一日出游回城，忽然心生恶念，把国王抓起来，关入监牢，不给饮食，自己取代了王位。王后韦提希夫人十分想念国王，而阿阇世不许给国王送食物，王后就把蜜面涂在身上去看国王，然后从身上取下蜜面给国王充饥。阿阇世知道后大

图110　西千佛洞第18窟　西壁　迦陵频伽伎乐　中唐

图111　敦煌莫高窟第112窟　南壁东侧　反弹琵琶伎乐天　中唐

怒，要杀王后。经两位老臣苦苦相谏，方才作罢。最终他把王后也囚禁起来，用铁钉钉死了国王。韦提希夫人无限悲痛，便终日念佛，以求解脱。于是，佛从天降，向王后讲明了过去现在的因缘，使她明白了世间的因果报应。王后别无他想，一心向往佛境，并请佛指点修行的途径。佛便教她16种摆脱尘世烦恼而达到佛教极乐境界的方法，即"十六观"，包括日想观、水想观、地想观、宝树观、八功德水观、总想观、真身观、观音菩萨观、大势至菩萨观、宝楼观、华座观、普想观、杂想观、上辈身想观、中辈身想观、下辈身想观等16种修行方法。在佛陀的指引下，韦提希夫人采用16种观想的修行方法，最终得到解脱，得成正果，进入佛国世界。

本窟中的"未生怨"故事情节完整，自下而上描绘了8个画面：第一个画面绘森严紧闭的宫门，有两人把守着，预示着一场政变的发生；第二个画面绘几个武士骑着马捉拿国王的场景；第三个画面绘王子追杀其母的场景；第四个画面绘王后和老国王一起被囚禁的场景；第五个画面绘佛为王后韦提希说法的场景；第六个画面绘一人立马山间，一人下马禀报，此画面表现老国王调遣人马准备困饿死道人的情景；第七个画面绘一茅草搭成的草庐，表示山中道人修行的处所；第八个画面绘众人驰马追猎白兔的情景（图112）。在这我们看到有一只小白兔惊惧奔逃，后面有三匹高头大马围追堵截，紧追不舍。其中一人一边跃马急驰，一边高举猎鹰，这只猎鹰展开双翅似乎随时在等待主人的命令扑向猎物。

敦煌石窟现存的89铺观无量寿经变中，有74铺画有"未生怨"，不论繁简，一般都根据南朝宋畺良耶舍所译《观无量寿经》的部分，限于描绘阿阇世太子囚父幽母及释迦为韦提希说法等场面。只有这幅"未生怨"，还描绘了阿阇世太子出世以前频婆娑罗王困杀道人和捕捉白兔等画面，从未见于别处，正是此幅壁画的独特之处。

这铺观无量寿经变构图宏大严谨，以对称为基本结构，在视觉上突出了主尊佛——无量寿佛的位置，在比例上无量寿佛也是最大，两侧的观世音和大势至菩萨稍小，周围的众菩萨形象则更小。这种位置安排和比例大小，从意识上说是

图112　西千佛洞第18窟　西壁　未生怨（局部）中唐

等级观念的反映，但从艺术上说，却也是构图的需要。整体来说，无论构图的紧凑严密、线描的丰富变化、人物精准细腻的刻画，依然深受中原文化艺术的影响，与初、盛唐那种厚重沉稳、雍容华贵、富丽堂皇、绚丽多彩的色调相比稍显逊色，但它又形成了另一种简洁明快、淡雅爽朗的艺术风格。

药师经变

此窟东壁绘药师经变（图113），画面右侧已漫漶、损毁。药师经变又名东方药师净土变，同属于净土经变，根据《佛说药师如来本愿经》等经典绘制，也是敦煌壁画中十分常见的经变画，现存110余铺。

《佛说药师如来本愿经》记述了药师佛在行菩萨道时，曾发下十二大愿，令众生所求皆得，救众生之病源，治无明之痼疾，拔除众生一切痛苦的烦恼。若有净信药师如来者，只要造立佛像，念诵药师如来本愿功德赞，诵此经，思惟其义，一切皆能遂其所愿。与"遂其所愿"的十二大愿相对应的是"九横死"。所

图113 西千佛洞第18窟 东壁 药师寿经变 中唐

谓九横死，即九种非正常死亡。诸药师经中对"九横死"的记载稍有不同，其大意是：一横病无医死，二横王法诛戮死，三横为非人夺其精气死，四横火焚死，五横水溺死，六横为恶兽吞食死，七横为坠崖死，八横中毒死，九横饥渴死。佛经中称，若是信仰供奉药师佛，不但可以消除肉体的病魔，而且还能医治世人的心病，即"无明之痼疾"，以及免除"九横死"厄难，正因为如此，药师佛获得了大众的普遍信仰。药师经变是盛唐以来敦煌壁画中最流行的净土变之一，常与西方净土变对称出现。

这铺药师经变的构图与西壁的观无量寿经变一致，最初同样采用三联式构图。中央表现东方药师净土世界，同样通过华丽无比的楼阁来表现，左右两侧以条幅的形式表现"九横死"和"十二大愿"的内容，但画面南侧原描绘的"九横死"内容因洞窟东壁南侧部分坍塌已损毁。画面北侧描绘的"十二大愿"，部分画面已漫漶不清，大多榜题已无法辨识，其中"第七大愿"榜题"愿我来世得菩提时，若诸有情，众病逼切，无救无归，无医无药，无亲无家，贫穷多苦，我之名号，一经其耳，众病悉除，身心安乐，家属资具悉皆丰足，乃至证得无上菩提"尚可辨识（图114）。

这铺药师经变全图布局结构也与西壁的观无量寿经变相似，分为上、中、下三部分。经变画上部诸天乐飘浮空中，不鼓自鸣，数身化佛坐于云端，前来赴会听法，飞天在天空翱翔，作扬手散花状。中部描绘以药师佛为中心的东方三圣说法图，周围廊宇环绕，楼阁耸立。主尊药师佛结跏趺坐于莲台上，右手结说法印，左手托药钵，身旁绘众弟子像。两侧日光菩萨和月光菩萨两大胁侍菩萨端坐，周围环绕众听法菩萨，最外层为天部护法。下部绘宝池平台上的乐舞场面，中间一舞伎翩翩起舞，两侧18身伎乐演奏不同乐器。

这铺药师经变在布局、构图、色彩以及绘画技法等方面

图114　西千佛洞第18窟　东壁　十二大愿（局部）中唐

与西壁的观无量寿经变基本相同。这两铺经变画是西千佛洞中唐时期壁画的代表作，特别是此窟西壁保存较为完好的观无量寿经变，可与莫高窟同类题材的代表性作品相媲美。

降魔变

此窟南壁门上绘降魔变（又称降魔成道图）一铺，画面东侧部分已脱落，仅存西侧部分（图115）。

释迦牟尼的故事主要靠佛经的记载。记述佛陀的经典分为本生和本行：本生记述佛陀前生各种善行的故事；本行，即佛传，记述释迦从出生、成人、出家、苦修、悟道、说法乃至涅槃的种种事迹。据佛经说，释迦经过6年苦修，虽身体已极度虚弱消瘦，而修行却毫无进展，依然得不到解脱。他毅然放弃苦修，到尼连禅河洗去身上的污秽，接受了牧女奉献的乳糜，恢复了元气，然后继续上路。途中接受了名叫吉祥的刈草人施舍的吉祥草，来到尼连河西岸菩提伽耶地方，在一棵枝繁叶茂的菩提树下铺开柔软的吉祥草，安坐其上，发誓说："不成佛道，

图115　西千佛洞第18窟　南壁门上　降魔变　中唐

永不起来！"释迦经过四禅行，悟得真谛，即将成道。此时魔王波旬率三魔女破坏释迦成道，但在释迦的神通力之下，三个妖艳的魔女变成了三个丑陋的老妪。魔王又调动魔军，用武力大举进攻。魔军现出种种狰狞面貌，"猪鱼驴马头，驼牛兕虎形""或一身多头，或身放烟火""或长牙利爪""执戟持刀剑""呼叫吼唤，恶声震天地"，但释迦"如看儿童戏"，又施法力，使魔军"飞矛戟利稍，凝虚而不下，雷震雨大雹，化成五色花，恶龙蛇毒，化成香风气"。释迦坚定沉着，不离座位，降服了魔王波旬。此时，地神从地下涌出，高声宣布："我证，我证。"证明魔王失败。释迦终于修成正觉，成为至高至尊的佛陀。

画面中，释迦牟尼神情泰然，不为所动，左手平置于腹前，右手施降魔印。身旁的魔军肌肉暴起、张牙舞爪、面目狰狞、气势汹汹，将各种武器投向佛祖。画面右下方，魔王波旬面对败局，露出狼狈的神色。这幅画构图简洁，人物形体、神态刻画生动。画工采用动静对比的手法，表现出正义与丑恶的斗争，通过魔军的丑恶、躁动、凶残来烘托释迦牟尼的庄严、平静、慈悲，形成美与丑的鲜明对比。

描绘"魔"的最早经典是古印度摩揭陀国孔雀王朝第三代国王阿育王时期的《尼波多经》（也称《经集》），当时的魔王形象只是一种抽象的概念。把恶魔作为怪异形象来描绘的是巴利文本生经佛传《因缘记》。佛经中说，在释迦牟尼成道前，数年来围困他的"魔"于此时现形，这些所谓的"魔"其实就是扰乱世人的种种欲望、思想和行为，包括色欲、饥渴、贪爱、懒惰昏沉、恐惧、疑惑、毁损执着、获取奉承等。释迦作为一个超凡脱俗的圣人，以常人无法想象的坚强决心和意志，战胜了自己头脑中影响修行禅定的障碍，克服了外部恶劣环境的干扰，终成大志。大乘佛传的降魔故事神化了这一过程，将影响释迦修行的心理障碍和外部干扰形象化，并通称为"魔"；而将他经过反复斗争，终于战胜自我、战胜干扰的事迹，称之为"降魔"。

降魔成道是佛陀传记中的一件大事，也是印度佛教艺术中最常见的题材。为了纪念佛陀，在佛陀成正觉的菩提伽耶的地方建立了大窣堵坡（即佛塔），保存了佛陀成道处的金刚宝座，还在各地雕刻了许多石雕。根据现存的资料，从时间上看，自公元前的印度到中国的宋、元、明时期；从空间上看，从印度、犍陀罗、龟兹到敦煌以至中国内地的云冈、麦积山等地，即所谓的佛教北传路线：都有降魔成道的艺术遗存。作为最著名的佛传故事画之一，降魔变是敦煌石窟北朝壁画中流行的题材，其中，莫高窟北魏第254窟中的降魔变作为敦煌石窟中最早的一幅，堪称同类题材中的精品（图116）。

图116　莫高窟第254窟　南壁　降魔变　北魏

不空绢索观音经变

此窟南壁门西侧绘不空绢索观音经变一铺（图117）。不空绢索观音全称不空绢索观世音菩萨，是密教大菩萨之一，也是观世音菩萨诸多化身之一。"不空绢索观音"一名中之"不空"，是指心愿不空；"绢索"原意是指古代印度在战争或狩猎时捕捉鸟兽人马的绳索，在佛教中作为佛和菩萨"摄取众生""执系不降伏者"的象征。因其必有所获，故云不空。以"不空绢索"为名，是象征观世音菩萨以慈悲的绢索救度化导众生，其心愿不会落空的意思。不同的密宗经典对不空绢索观音造像轨迹略有不同，其造像有一面四臂、三面六臂、三面十臂等，其中以三面六臂造像最为普遍。在敦煌壁画中每与如意轮观音同时画出，位于窟门或龛门的两侧。

画面中，不空绢索观音位居中央，头戴化佛宝冠，结跏趺坐于从水池中生出的大莲花座上，池水中有两身龙王。周围众菩萨、眷属环绕。观音一面六臂，上两臂，两手均持三叉戟；中两臂，两手左右对称，以拇指与食指相捻，其余三指伸开，手心绘辐轮图案，即法轮；下两臂，一手持宝瓶，一手持绢索。头光为水波折纹，背光的主纹饰为齿形三角纹。背光外又是一大圆轮，圆轮上方是宝珠流苏华盖。值得注意的是：不空绢索观音菩萨左肩披鹿皮衣。唐时日本来华的弘法大师在《秘藏记》一书中曾有不空绢索"著鹿皮裙"的记述，可见鹿皮衣裙在唐代为不空绢索观音之标志。

图117　西千佛洞第18窟　南壁窟门西侧　不空绢索观音经变　中唐

画面右下方画手持鹿头竹杖、白犟垂胸、仰望观音的婆薮仙（图118）。婆薮仙见于《大智度论》，说他原是古印度的一位国王，由于支持杀牲祭天大辩论中的杀牲派，使后世杀牲祭天、杀生吃肉有了依据，因此受到沉沦大地之苦。密教经变中出现婆薮仙，是告诫信徒严禁杀生。婆薮仙下方绘一忿怒尊（有说是火头金刚），上身袒露，下身着裙，饰耳环、项圈、臂钏、腕钏，呈忿怒相，火发逆立，怒目圆睁，令人生畏，以火焰为背光，表示无坚不摧。忿怒尊一面六臂，上两臂举起，中两臂交叉于胸前，下两臂置于膝上。

敦煌石窟中现存74幅不空绢索观音经变，时代从盛唐一直延续至西夏，是敦煌常见的密教经变。这幅经变虽局部褪色，但整幅作品构图严谨，突出主尊，左右对称，主次有序，画风细腻，笔力精湛，色彩鲜艳，形象优美，堪称中唐时期的艺术佳作。

图118　西千佛洞第18窟　南壁窟门西侧　不空绢索观音经变（局部）中唐

第 19 窟

此窟建于五代时期（907—959），经宋代重修。洞窟形制呈纵长方形，浅拱形顶，正壁开敞口竖长方形大龛（图119）。

塑像艺术

此窟北壁（正壁）龛内设马蹄形佛床，东、西壁各设通壁像台。龛内存倚坐佛一身，东侧残存胁侍菩萨一身（图120）。主尊佛面相方圆，体态丰腴，左手抚膝，右手已残，神情肃穆，衣纹繁简适度，色彩素雅，是西千佛洞保存最完整的一身五代时期的彩塑。主尊佛东侧的胁侍菩萨，右臂已残，身材比例协调，衣纹线条流畅，神情端庄娴雅，流露出恬淡宁静与聪慧的神态。由龛内遗迹还可辨识出两侧天王足下地鬼的残胎，可知龛内原塑像组合为一佛二菩萨二天王组合。敦煌石窟中现存五代彩塑作品不多，此窟龛内塑像可谓五代时期的代表作，风格上虽承唐代之余绪，但无论从人物姿态还是面部表情方面都略显呆板，已缺乏唐代塑像之神韵，初现敦煌艺术走向衰落之端倪。

图 119　西千佛洞第 19 窟　内景

图120　西千佛洞第19窟　北壁龛内　倚坐佛　五代

天龙八部

此窟北壁龛内壁画主要绘佛弟子、菩萨、天龙八部和天王像。天龙八部是指天众、龙众、夜叉、阿修罗、迦楼罗、乾达婆、紧那罗、摩呼罗迦等八类佛教的护法神。"八部"就是八个类别的意思。天龙八部因为以"天众"和"龙众"为代表，故称为"天龙八部"。天龙八部又称龙神八部、八部众。他们之中有善有恶、有正有邪，但因听闻佛法、受其教化，故常伴佛陀左右，成为佛教的护法神。敦煌壁画中绘制天龙八部的历史由来已久，如唐代的弥勒经变、涅槃经变、大方便佛报恩经变等诸多壁画中都能看到天龙八部的图像。但作为尊像画题材之一的天龙八部群像，则主要集中出现在五代、宋时期。龛内东西两壁描绘的这组天龙八部图像（图121），无论是颜面肌肤，或是衣着战裙，以及头光飘带等，似乎全用大笔触晕染方法绘制，尽管局部有褪色和变色现象，但仍显得色彩鲜艳、形体雄健完整、神态孔武有力。无论从哪一方面看，似乎均未采用线勾描勾勒，既细腻又粗犷，充分体现出由工笔重彩向大写意画的转变风格，在中国美术发展史上应占有重要的地位。

图121　西千佛洞第19窟　北壁龛内西壁　天龙八部　五代

罗汉像

　　窟内引人注目的是为数甚众的罗汉像。罗汉，是音译阿罗汉的简称，意为应受供养、尊敬的人。在佛教兴起的时代，是印度各宗教对受尊敬的修行者的称呼。在小乘佛教中，最初的佛陀也称为阿罗汉，后来将佛陀与阿罗汉分开，特指修行所能达到的最高成就，即阿罗汉果位，达到这种境界的修行者，可破除一切烦恼，得以解脱生死轮回而进入涅槃。大乘佛教主张一切有情成佛，以佛法成就众生，小乘佛教那种以自我解脱为理想的罗汉，在大乘佛教中成为已得到解脱，但不进入涅槃，在现实世界护法，等待弥勒出世，除去灾难，祈福众人的修行者，也是"以佛道声，令一切闻"的护法弘法使者，所以又称为声闻。

　　早在北凉道泰所译的《入大乘论》中就提到了十六罗汉。据史料记载，这一题材的画作最初见于梁代著名画家张僧繇画的十六罗汉像。全面介绍十六罗汉的名号、住处、功德、作用的是唐玄奘所译的《大阿罗汉难提蜜多罗所说法住记》。后来，随着佛教在中国的传播，发展为十八罗汉、五百罗汉等，遂成为信仰的对象。自玄奘译出后，这一题材的绘画及雕塑作品开始盛行于中原与江南一带。据称，活跃于8世纪的唐代画家卢楞伽和王维都画过十六罗汉，可惜并没有作品传世。五代十国时期更为流行，这些汉化的罗汉形象因没有更多的外来具体形象资料可供参考，就给中国的僧人和艺术工匠们留下了任其发挥的空间，亦极大地丰富了中国绘画及雕塑题材内容。五代时名僧禅月大师贯休以善画罗汉著称，他所绘的十六罗汉像更是广为人知，其"胡貌梵相"的造型对以后罗汉像影响甚大。贯休《十六罗汉图》的真迹久已无存，但其传本现收藏在公共博物馆或私人藏家手中。五代时期敦煌石窟中出现这一题材内容，说明当时虽然社会动荡不安，但作为佛教文化艺术并未受到大的影响，中原与敦煌关系的密切及佛教文化和佛教艺术的发展几乎是同步的。

　　主室西壁像台上残存彩塑罗汉像8尊（图122），东壁像台上残存彩塑罗汉像5尊，推测原塑可能为十六罗汉，是敦煌石窟中唯一用泥塑表现十六罗汉的洞窟。西千佛洞现存彩塑虽然数量不多，但此窟中的塑像几乎占了西千佛洞现存彩塑数量的一半。

图122　西千佛洞第19窟　西壁　罗汉　五代

图 123　西千佛洞第 19 窟　东壁　罗汉　五代

　　此外，壁画罗汉像更多。北壁龛外两侧绘10身。西壁和东壁自上而下各绘6排罗汉像，西壁现存105身，东壁残损严重，尚存49身，合计164身。这些罗汉像皆微微颔首，袈裟或裹于头部，或以常见的偏袒右肩、通肩等方式穿着，手、脚多裹于袈裟中，极具写实意味，虽不如传世的贯休作品那般怪骇突兀，却也在看似千篇一律的禅定形象中，追求着饶有趣味的变化（图123）。这种遍绘罗汉像的洞窟，在敦煌石窟中仅此一例，因此，此窟也被称为"罗汉堂"。

第 20 窟

　　此窟主室横拱顶，正壁（北壁）开一纵拱顶龛，龛内北壁设佛床（图124）。北壁龛顶残存彩绘椽檩。北壁画坐佛5身。东壁屏风三扇画中间乘狮文殊菩萨一身、北侧坐佛一身、南侧菩萨一身。西壁屏风三扇画中间乘象普贤菩萨一身、北侧坐佛一身、南侧菩萨一身，底层隐露前代画菩萨（已残）。此窟初建时代不详，现存壁画主体为元代（1227—1368）所绘。窟内壁画于1991年连同第22窟一起，剥离搬迁至莫高窟。2000年，由本院保护所复原安置在莫高窟北区。

　　公元1227年，蒙古军占领了敦煌，敦煌由此进入了蒙元时代。蒙元统治敦煌长达146年，由于元代统治者的提倡，藏传佛教密宗艺术在全国得到空前发展，此窟就是在这种背景下营建的一个金刚乘藏密画派洞窟。敦煌石窟中现存的元代石窟并不多，共计10余窟，大多为密教内容。这可能是由于当时石窟的开凿已经不流行了，尤其是在藏传佛教影响下，寺院的作用更为重要。敦煌石窟中这一时期的藏传密教最具代表性的洞窟是莫高窟第465窟（图125）。

图 124　西千佛洞第 20 窟　内景

图 125　莫高窟第 465 窟　内景

密教

　　密教是大乘佛教的一个教派——秘密佛教的略称。密教自称是受法身佛大日如来（又称毗卢遮那佛）深奥秘密教旨传授，为"真实"言教，故称"密教"。密教将其他佛教派别的教义，都视为释迦牟尼佛公开宣讲的佛法教义，故称之为"显教"。密教起源于公元2世纪流行于印度的大乘佛教，是大乘佛教与印度教和印度民间信仰的混合物，也是大乘佛教进一步神秘化、通俗化、世俗化的结果。

　　密教在印度出现不久，即于公元2世纪后半叶，随着大乘佛教陆续传入中国。据研究，密教传入中国有三条路线：一条是从陆路经中亚沿丝绸之路传入汉地，因其主要是在汉族居住区传播，汲取了许多传统汉文化成分，形成一种新的密教宗教形态，学术界称之为汉传密教，简称"汉密"；一条是由印度经尼泊尔翻越喜马拉雅山脉传入西藏，与当地原有的宗教——苯教和民间信仰相融合，形成了另一密教分支，被称为藏传佛教中的密教，简称"藏密"；一条是由印度阿萨姆河通过上缅甸，再由上缅甸进入云南大理地区（另一种说法是从西藏地区直接传入云南大理地区），形成以大理一带为中心的密教传承系统，因这一密教形态与印度佛教密教、汉传密教、藏传密教均有别，后世称为"滇密"。

藏传密教尊奉的佛、菩萨、护法神等各类尊像达到千种之多，人物形象和表情更加夸张，突出忿怒、怪诞、神秘的特征，强调狞厉之美，具有震撼人心的艺术效果。密教在中国完整而系统地传播，始于盛唐。盛唐开元年间，天竺人善无畏、金刚智和不空三位密教传人相继东来中国，他们先后汉译了密教胎藏界和密教金刚界的本经，还有多部密教经典和大量念诵仪轨。至此，密教经典广泛传播。三人被尊称为"开元三大士"，也成为中国密教的创始人。

敦煌密教分为汉传和藏传两类，其中汉传密教遗迹数量之多、保存之完整、延续时间之长，均为中国之最。然而，随着更神秘、更深奥，因而具有更大吸引力的藏传密教于西夏中晚期传播于瓜、沙二州后，汉传密教也就逐渐衰败，而藏传密教则由于西夏和蒙元皇室的扶持，却获得了长足发展。藏传密教的艺术形象不仅出现于敦煌石窟，而且遍布长城内外、大江南北。

藏密菩萨

此窟壁画设色淡雅、线描纯熟，和谐统一，具有很高的艺术水平。主室西壁所绘的这身藏密菩萨就是这一时期的代表作（图126）。菩萨头戴花冠，耳坠垂肩，宽肩细腰，颈戴项圈，胸饰璎珞，戴臂钏、腕钏、足钏，除腰围短裙外几乎全身肌肤都裸露在外。人物头部微微右倾、盘左腿、垂右腿坐于宝座之上，人体造型准确，体态婀娜，形象优美。头光呈椭圆形。经过常年风吹日晒雨淋，整个躯体和四肢全变成了深沉的紫褐色，人物形象显得朦胧，但周身线条描绘既纤细流畅，又遒劲自如，将菩萨整个形象姿态刻画得比例恰当、优美生动，与同时代莫高窟第465窟内的元代菩萨相比，其艺术水平有过之而无不及，不失为元代藏传密教艺术的上乘之作。

图126　西千佛洞第20窟　主室西壁　菩萨　元代

后 记

　　西千佛洞是敦煌石窟的重要组成部分。长期以来，对敦煌石窟的介绍和宣传多集中于莫高窟，而对于西千佛洞的介绍较少，目前也没有一本专门介绍西千佛洞的书籍，因此，西千佛洞少为世人所知。随着越来越多的观众到西千佛洞参观考察，迫切需要一本介绍西千佛洞的读本，以满足广大观众的需求。为填补这一空白，遂萌发了编写此书的想法。经两年多的努力，这本小书终于完成。

　　此书参考、借鉴了前人的研究成果，凝聚了诸多专家学者的智慧和心血，尽可能全面地向读者介绍西千佛洞的内容及历史、艺术价值，并在书中体现西千佛洞的最新研究成果。除正文外，书中还穿插了"延伸阅读"小栏目，作为正文的补充，拓宽阅读范围，扩大读者的视野，进一步增强此书的知识性。为确保此书内容的准确性，特别邀请了敦煌研究院党委书记赵声良和敦煌研究院副院长张元林作为此书的学术顾问和审稿者。两位专家从结构、体例、内容、语言表述等方面提出了一些宝贵的修改意见和建议。同时，为了让更多的读者了解西千佛洞艺术，我们尽可能地以深入浅出、通俗易懂的语言介绍相关的宗教、文化知识。限于编者水平，错误在所难免，敬请广大读者批评指正，以便今后增补修订。

　　本书所用敦煌石窟壁画彩塑的图片均由敦煌研究院提供，版权为敦煌研究院所有。最后，向《西千佛洞艺术》出版过程中，为我们提供帮助的专家学者和个人表示衷心的感谢。

编者

主要参考文献

一、著作

敦煌研究院编，《敦煌石窟内容总录》，文物出版社，1996年版。

敦煌研究院编，《中国石窟·安西榆林窟》，文物出版社，1989年版。

敦煌研究院甘肃省文物局编，《甘肃石窟志》，甘肃教育出版社，2011年版。

季羡林主编，《敦煌学大辞典》，上海辞书出版社，1998年版。

赵声良著，《敦煌石窟艺术简史》，中国青年出版社，2015年版。

樊锦诗、赵声良，《灿烂佛宫》，浙江文艺出版社，2004年版。

赵晓星，《莫高窟之外的敦煌石窟》，甘肃人民美术出版社，2018年版。

张学荣主编，《敦煌西千佛洞石窟》，甘肃人民美术出版社，1998年版。

罗华庆，《敦煌石窟全集·尊像画卷》，商务印书馆（香港），2002年版。

李永宁，《敦煌石窟全集·本生因缘故事画卷》，上海人民出版社，2001年版。

樊锦诗，《敦煌石窟全集·佛传故事画卷》，商务印书馆（香港），2004年版。

孙毅华、孙儒僩，《敦煌石窟全集·石窟建筑卷》，商务印书馆（香港），2003年版。

关友惠，《敦煌石窟全集·图案卷（上）》，商务印书馆（香港），2003年版。

关友惠，《敦煌石窟全集·图案卷（下）》，商务印书馆（香港），2003年版。

谭蝉雪，《敦煌石窟全集·服饰画卷》，商务印书馆（香港），2005年版。

彭金章，《敦煌石窟全集·密教画卷》，商务印书馆（香港），2003年版。

殷光明，《敦煌石窟全集·报恩经画卷》，上海人民出版社，2001年版。

贺世哲，《敦煌石窟全集·法华经画卷》，商务印书馆（香港），1999年版。

王惠民，《敦煌石窟全集·弥勒经画卷》，商务印书馆（香港），2002年版。

二、论文

樊锦诗、蔡伟堂，《敦煌西千佛洞各家编号说明》，《敦煌研究》2007年第4期。

敦煌研究院考古研究所，《敦煌西千佛洞未编号洞窟清理简报》，《敦煌研究》2016年第6期。

王新春，《毕尔格·布林的敦煌西千佛洞调查》，《2009年全国博士生学术论坛（传承与发展——百年敦煌学史）论文集》，2011年。

杨婕，《20世纪上半叶敦煌西千佛洞考察史述评》，《敦煌研究》2020年第4期。

丁淑君，《敦煌石窟张大千题记调查》，《敦煌研究》2019年第5期。

樊雪崧、殷博，《未竟的示寂：敦煌西千佛洞第8窟涅槃图新探》，《敦煌研究》2019年第5期。

图书在版编目（CIP）数据

西千佛洞艺术 / 敦煌研究院编著；樊锦诗主编；
赵声良副主编；刘勤著. —— 南京：江苏凤凰美术出版
社, 2023.7

（丝绸之路与敦煌文化丛书）

ISBN 978-7-5741-1091-5

Ⅰ.①西… Ⅱ.①敦… ②樊… ③赵… ④刘… Ⅲ.
①敦煌石窟–研究 Ⅳ.①K879.214

中国国家版本馆CIP数据核字（2023）第134546号

选题策划　　毛晓剑
责任编辑　　郭　渊
装帧设计　　王　超
责任校对　　吕猛进
责任监印　　生　嫄
责任设计编辑　龚　婷

丛 书 名　　丝绸之路与敦煌文化丛书
书　　名　　西千佛洞艺术
编　　著　　敦煌研究院
主　　编　　樊锦诗
副 主 编　　赵声良
著　　者　　刘　勤
出版发行　　江苏凤凰美术出版社（南京市湖南路1号　邮编：210009）
制　　版　　南京新华丰制版有限公司
印　　刷　　合肥精艺印刷有限公司
开　　本　　718mm×1000mm　1/16
印　　张　　8
版　　次　　2023年7月第1版　2023年7月第1次印刷
标准书号　　ISBN 978-7-5741-1091-5
定　　价　　58.00元

营销部电话　025-68155675　营销部地址　南京市湖南路1号
江苏凤凰美术出版社图书凡印装错误可向承印厂调换